モビリティーズの
まなざし

ジョン・アーリの
思想と実践

The Mobilities Gaze:
The Sociological Ideas
and Gigs with John Urry

小川(西秋)葉子

是永　論　　編

太田邦史

丸善出版

まえがき

　「モビリティ(ーズ)」はイギリスを代表する社会学者ジョン・アーリが現代社会の解明に挑んだ新たな分析概念として、注目をあつめている。その理由は、トランプ政権によって先鋭化したアメリカ第一主義と移民排斥、イギリスの EU 離脱と保守党の弱体化、フランスの中道主義マクロン政権の誕生、パリ協定の将来の不透明化など、現状のグローバル社会情勢の急激な変化を色濃く反映しているという点にある。その一方で、モビリティーズは、都市における身体がもたらすローカルなダイナミクスやソーシャル・ディスタンスをも解明する。

　『観光のまなざし』(1990) で知られるアーリは、空間論、身体論、複雑系分析、移動・交通論、ネットワーク論、感覚論、気候変動論、リスク論、伝播研究などさまざまな理論的源泉を注ぎ込みながらモビリティーズ研究を完成させ、2016 年に急逝した。現在、世界を席巻している新型コロナウイルスの感染リスクが拡大する原因や人的移動量の縮減の代わりに物流やメディア・ネットワークによるコミュニケーションの増加がもたらす「新しい日常」の諸様相について考察を広げる点でも、アーリの取り組みは画期的であった。

　本書は、彼に直接 PhD 研究の指導を仰いだ編者を中心に、第 I 部では、未邦訳の共編著を含めて、ブルーノ・ラトゥール、ウルリッヒ・ベック、アンソニー・エリオット、ミシェル・カロン、ジェイムズ・ギブソン、ピエール・ブルデュー、ハンナ・アーレントらとの関連におけるその思想の源流を明らかにしていく。また、第 II 部では、そういった理論から実践へのプロセスを示し、第 III 部では、ジェンダーやケアをめぐる現代社会のさまざまな事象に関わる研究を、時には批判的な視点も交えながら具体的な形で検証する。

以上のように、初学者と研究者双方にわかりやすい形でモビリティーズ研究の今後の可能性を探るとともに、その多様な発展を試みるのが本書の目的である。各章執筆者には、文化社会学、経済地理学、都市研究、エスノメソドロジー研究、メディアやグリーフケア研究の専門家をむかえ、コラムには、理論研究者、ジャーナリスト、経営学者と、読者の幅広い興味にこたえる工夫をほどこす。執筆者たちが長年取り組んできた課題をアーリを媒介することによって可塑化（モビリティ＝ダイナミック・インスタビリティ＝可塑性として拙編著『生命デザイン学入門』で解説）し、万華鏡のように立体的な分析視角を提示する。また、本書の「あとがき」で触れられる経済学者アマルティア・センによる「潜在能力、ケイパビリティ（capability）」とは、19世紀イギリスの詩人であるジョン・キーツがシエイクスピア戯曲で苦難にみちた状況に耐える登場人物たちのもつ可能性について表現した「ネガティヴ・ケイパビリティ」とも関連するものである。アーリも『モビリティーズ』（2007）において「ケイパビリティ」に言及しているが、このような概念と生物学との接続は、本書のもつ学際的な発展方向を示す特徴となる。

　このモビリティーズ研究の前後になされた学術研究のコンテクストとの関わりを知るうえで、前述のラトゥールの存在は欠かすことができない。拙論「モビリティ」の項目で論じたとおり（『社会学理論応用事典』丸善出版、2017）、グローバル化の文化的なインパクトと科学的な影響をそれぞれの考察に反映させたアーリとラトゥールは2000年代より研究の方向性が重なりあうようになる。とりわけ、アーリは同僚であったジョン・ローやカロンらの編集による学術雑誌の特集に積極的に寄稿するなどして、アクター・ネットワーク理論への理解を深めていった。

　筆者が個人的に興味深く感じるのは、そのようなプロセスにおいて、アーリ自身もラトゥールが1970年代から90年代にかけて身をおいていたアメリカ合衆国カリフォルニア大学サンディエゴ校周辺の学術的な成果を吸収していったことである。具体的には、2019

年の日本社会学会大会での町村敬志会長講演（『社会学評論』71(1)、2020）でも触れられたミクロ-マクロ分析の試み（Knorr-Cetina, K. & Cicourel, A., *Advance in Social Theory and Methodology*, 1981）と認知行動科学のエスノグラフィ（Hutchins, E., *Cognition in the Wild*, 1995）を指す。前書は、国際科学社会学会の会長もつとめたカリン・クノール=セティナとハロルド・ガーフィンケルに師事したアアロン・シクレルが、本書の先駆けとなるトピックを総ざらいした画期的な編著である。アンソニー・ギデンズ、ニクラス・ルーマン、ピエール・ブルデュー、ユルゲン・ハーバーマス、ジル・フォコニエといったそうそうたる顔ぶれの寄稿に加え、ラトゥールとカロンによるホッブズの『リヴァイアサン』を題材にした論考も収録されている。

　エドウィン・ハッチンスが著した後書は、のちにアーリの同僚となるルーシー・サッチマンや、チャールズ・グッドウィンらがその後発展させた協同作業としての「ワーク」研究の嚆矢であり、ドナルド・ノーマンのインターフェイス・デザイン研究、ティム・インゴルドの人類学、ユーリア・エンゲストロームの教育学とともに生み出されたナビゲーションの民族誌である。これは、現在の AI 研究につながる D. E. ラメルハートらの並列分散処理や遺伝メカニズムに基づくコンピュータ・アルゴリズムの開発と文脈を一にする。さらに、ワード・グッドイナフによるミクロネシア原住民らの航海術におけるモノや表象の利用をアメリカ海軍の船上実践と結びつけた労作である。上記の二作以外に、カリフォルニア州のロス・アラモス研究所で花開いた複雑系に関する一連の研究や、環境を光学的にとらえる身体のアフォーダンスを古代のそろばんからアップル社のコンピュータまで、モノのデザインに反映させる認知科学セミナーなどは、筆者自身にとって胸おどる思潮であった。なぜなら、当時ラトゥールと同じ学術環境に身を置き、哲学者や霊長類学者やヴァーチャル・リアリティ研究者らが熱い議論をたたかわせるのを目の当たりにしていたためである。やがて、そういった諸研究の成

果が、アーリの思想に導入されることになるのである。

　ヨーロッパにおいて気候変動が現実的にも学術的にも重要な課題となる 2016 年前後、アーリとラトゥールも、それまでおりにふれて論じてきた環境についての考察を「人新世」という地質時代による文明区分と結びつける努力を前面にうちだす。モビリティーズの負の側面も論じられるこのプロセスで再注目されるのが非線形性やアトラクタといった複雑系の概念である。もともと気象分析においてバタフライ効果やカスケード効果といった著名な概念を提唱してきた複雑系研究の成果に彼らが依拠するのは当然の帰結かもしれない。しかし、同じようにグローバルな未来や気候体制を論じていても、ラトゥールは『地球に降り立つ』(2019) で四つのアトラクタの分析にさらに重点を置いている。この方向性は、前出のハッチンスが参照したミクロネシアの航海術における星や島や船からなる測量の方式と酷似しており、その点は注目に値する。

　このようにアーリの指摘を他の論者との比較において批判的に考察する試みは、本書のコラムや第Ⅱ・Ⅲ部の随所でなされており、この多角的な検討こそが本書の最大の特色といえるだろう。とりわけ、第Ⅱ部では、メディアとコミュニケーションの分野でアーリの研究における遺産を未来においてどのように活かせるのかを模索する論考を集めている。

　なお、本書は、2019-2021 年度慶應義塾大学メディア・コミュニケーション研究所プロジェクト「グローバライゼーションと持続可能なメディアのデザイン：ケイパビリティと移動」［研究代表者：小川(西秋)葉子］の成果の一部である。丸善出版の安部詩子さんをはじめとして、文字通り、グローバルな変容の真っ只中で、本書の出版にご尽力いただいた方々すべてに心より感謝する次第である。

　2020 年 9 月

小川(西秋)葉子

目　　次

はじめに
――グローバル化とモビリティーズ

　その昔この広い北海道は、私たちの先祖の自由の天地でありま
した。天真爛漫な稚児の様に、美しい大自然に抱擁されてのん
びりと楽しく生活していた彼等は、真に自然の寵児、なんとい
う幸福な人だちであったでしょう。……幸福な私たちの先祖は、
自分のこの郷土が末にこうした惨めなありさまに変ろうなどと
は、露ほども想像し得なかったのでありましょう。……愛する
私たちの先祖が起伏す日頃*互いに意を通ずる為に用いた多く
の言語、言い古し、残し伝えた多くの美しい言葉、それらのも
のもみんな果敢なく、亡びゆく弱きものと共に消失せてしまう
のでしょうか。おおそれはあまりにいたましい名残惜しいこと
で御座います（知里編訳 1978、＊は「生活していた日々に」・筆
者補足）。

　この文章は、北海道の先住民族である、アイヌの人々に古くから
伝承されている叙事詩（ユカ_ラ）を今から百年ほど前に翻訳して本
にまとめた女性（知里幸惠さん）が、その本の序文に寄せたもので
ある。当時の北海道は近代国家建設を目指す日本政府により、資源

の供給地かつ軍事的拠点とされ、外部からの人や物の流入が激しくなっていた。そのなかでアイヌ民族は「日本人」としての厳しい同化政策の対象となり、民族独自の言語を含む、さまざまな文化と慣習を奪われていった。アイヌ民族は文字をもたないため、知里さん自身もアイヌの一人として、民族の危機的な状況を訴えたこの序文とともにユカラを文字にして残そうとしたのだった。

　本書が取り扱うジョン・アーリによるモビリティーズの概念（パラダイム）は、本来は20世紀後半におけるグローバル化を背景とした、交通と通信テクノロジーによる移動性＝可動性の展開と、それにともなう国家社会のシステム・自然環境の変動を対象としている（小川［西秋］2017）。しかしながら、この序文の背景にある百年前の北海道のような状況もまた、当時における最新技術である交通（鉄道）・通信手段（電信）の急速な普及と、環境（資源）をめぐる国家どうしの侵略を中心とした国際情勢の展開により、その概念においてとらえられる可能性をもつだろう。そこで特に問題としたいのは、移動性＝可動性の展開が、「近代国家」のような新たな存在をもたらす一方で、民族的な歴史＝時間の抑圧を通じて、冒頭に描かれたアイヌ民族の運命のような消失＝不在の危機を生じることである。

　そこから近年のグローバル化に目を向ければ、空間が均質化する一方での「時間の抑圧」（小川［西秋］ほか編 2010）がさまざまな形で生じており、そのなかで、かつての「民族」としての人々の多様なあり方や、「文化」としての社会的な生命をもったモノのあり方が変化するとともに、それらが「かつてのもの」という形で不在に位置づけられている。この点で、近年広く提唱されるサステイナビリティ（持続可能性）もまた、一般には地球環境や人類一般について言われるものであるが、ある特定の民族や文化の運命についても当てはめられるだろう。

　しかしながら、モビリティーズの概念は、単に近代化（産業化）の過程としての移動性＝可動性の展開における文化の消長を問題化

するにとどまるものではなく、移動性における個人と社会の関係を、秩序や消失リスクの回避をもたらすシステムについてとらえることも特徴としている。社会学において、この問題はいわゆるミクロ−マクロ問題として理論的な考察の対象となってきたが、ここでその背景をつぶさに確かめることは紙幅的にも不可能なため、カリン・クノール=セティナによる一つの考察から、この特徴においてモビリティーズ概念の輪郭を描くための手がかりとしたい。

　今世紀にまたがる時期における移動性＝可動性の急激な展開を踏まえれば、20世紀に少数民族と国家の間に見られた消長の関係は、現代の個人のいる空間および時間において、微分化されたベクトルのようなものとして表れている。つまり、激しい移動を繰り返すなかで、人々はその都度、ある空間にいること（存在）を時間の流れのなかで消失している（不在）。それは都会に移住した人が田舎を故郷として懐かしむような感覚にたとえることができるが、グローバルなレベルの移動はそのような現実の空間に対比することを許さず、刻一刻レベルでの不在を積み重ねた上に存在が成り立つような混沌さ（カオス）をもたらす。

　このような境遇のなかで、私たちはどのように自らが生を営んでいることを実感をもってとらえることができるだろうか？　もはやその経験は、グローバル化の進展とともに、自律した個人や、その一方での包括的な国家といった、確かな存在になぞらえて行うことが難しくなっている。そこで注目されるのが、私たちが生活を営むなかで、刻一刻のレベルで他の人と関係を取り結んでいることである。それは家庭での対話のような形で継続するコミュニケーションとしてだけでなく、都会の空間で他人とつかの間居合わせるようなインタラクションの場面など、広く考えられ得るものである。そこでさらにメディアがもたらす次元を含めれば、その関係はより広範なものとなる。

　このように、日常生活をそれぞれの次元での関係が取り結ばれる状況として考えれば、私たちが営んでいる生は、さまざまな状況ど

うしの関係 (inter-relationship) においてとらえられ得る。その可能性はただ抽象的な理論から導かれているものではなく、実際に私たちが言語を用いて実践している、ある方法から導かれている。本書「まえがき」でも触れた社会学の巨視的・微視的な視点の接合面を探る編著で知られるクノール゠セティナによれば、それは個々の状況を他の状況に対して参照可能な形で構成することで、「要約表象 (summary reperesentation)」と呼ばれる。彼女の指摘は、その編著にも寄稿しているイギリスの社会心理学者ロン・アレによる集合表象論を意識していると思われる。

　ここで要約表象としてあげられるのが、ユカㇻのような物語（ナラティブ）だろう。物語とは、個別の状況でその都度紡ぎ出されながら、過去や時には未来に至るさまざまな他の状況を参照する可能性をもつ。しかしながら、その可能性はただ物語の内容として独立にあるものではなく、具体的にそれを語る実践と分かちがたく結びついている。それはいかに上手にもっともらしく語れるかといったことだけではなく、たとえば自分の経験を物語る時など、相手との対話のなかに適切に埋め込まれた形で実践されるかどうか（是永 2017）にもよる。こうした要約表象をモビリティーズの概念と照らし合わせたとき、要約表象は情報テクノロジーのあり方にも結びつく。アーリが現代のスマートフォンに代表されるモバイル・メディアの潜在的な機能について述べているように、メディアが存在する状況は、目の前にいない（不在の）他者と関係する状況を想像として参照することによって、その「存在」を時には監視といった形で強く意識させる（是永 2016）。

　この点から、要約表象とは、言語による表象にとどまらず、モノや身体に直接関わる実践を含み得るものであり、そこからアーリも参照している、ブルーノ・ラトゥールらによるアクター・ネットワーク理論の連関作用という概念が照らし出される。私たちが道ばたにあるモノを見たときに、ただそこにモノがあると思うのではなく、「誰か」が落としたモノ、または置いているモノと考えること

があるように、モノの存在はさまざまな人との関係に開かれている（連関作用）。そこから、モノはそれが存在する限り、ついさっきまでの出来事から、歴史として認識されるような事実に至るまで、さまざまな連関作用を通じて、他者のいる（いた）状況を参照する実践をもたらす。さらにそこから、日常生活から切り離された形で普段は目にすることのない自然や環境についても、それを一つの存在として参照することも可能にしている。

　以上にみた要約表象という実践から、あらためて持続可能性を考えるとすれば、私たちは移動性＝可動性というまさに「移ろう」状況においても、持続した存在をもたらすような実践の可能性に対して開かれているといえるだろう。グローバル化の進行する近年においても、固有のローカリティをもった説話的なナラティブが映画やマンガといった形で蔓延している様子（小川［西秋］ほか編著 2010）から、私たちはあらためて口承文化や身体技法のもつ可能性に目を向けることができる。この点からも動物を主人公としながら自然と人間の関係を語るユカㇻは、要約表象としても注目の対象となるだろう。

　本書はモビリティーズ概念を中心に、アーリの思想を紹介しながら、それを現代に活用する実践の展開を探るものであるが、彼の広範な概念をここでまとめて示す代わりに、以上の記述をもって、本書を理解する手がかりとしていただければ幸いである。

　本書は 3 部 10 章から構成されている。第Ⅰ部においては、具体的な事例からアーリの著作に示されたモビリティーズの概念を関連する諸理論との関係において明らかにする。第 1 章「『不在の存在』と音響の価値創出」では、音響効果を事例に、『不在の存在』においてモビリティーズ概念がどのような理論との関わりから展開してきたのかを見ていく。第 2 章「『モバイル・ライブズ』」では、首都圏の通勤電車を事例に同書のなかで、デジタル技術とネットワーク、消費といったモビリティーズの構成要素に関わるポイントを確認する。第 3 章「物流スタディーズと『カーゴ・モビリティーズ』」で

は物流クライシスの問題を事例に、モビリティーズ概念を「表象されない忘れられた空間」と「秩序づけられた無秩序」という視点から新たな形で検討する。

　第Ⅱ部においては、メディアとコミュニケーションの諸現象を探る試みから理論と実践を架橋する。ここでは、各著者による研究データの分析を中心に、モビリティーズ概念について批判的な立場も交えながら実践的に検証していく。第4章「時間のエッジにおけるグローバル・テレポイエーシス」ではグローバルな都市間の移住者（ディアスポラ）における時間と主体（エージェンシー）の相互作用を「テレポイエーシス」という概念によってとらえながら、グローバル・モビリティーズにおける位置づけを確かめる。第5章「パフォーマンスとしての〈まなざし〉、実践のなかの〈まなざし〉」では観光やショッピングなどの社会空間におけるパフォーマンスを、会話分析の手法を用いながら、視覚実践の多様性においてとらえなおす。第6章「マンガ・アニメに見る「自然」をめぐる論争」ではマンガ・アニメ作品の分析から自然を語る社会的実践を析出する可能性を検討する。

　そして第Ⅲ部においては、さまざまな事象に関わるオリジナルなトピックの考察を、アーリによる概念との接点を探る形で展開する。第7章「見知らぬ人同士の〈つながり〉の変容」では、都市公共空間での見知らぬ人々による〈つながり〉の変容を、モビリティを促す効率性と高速性を背景に、対面的相互行為のメカニズムに即して検討する。第8章「象徴権力としてのスポーツとジェンダー」では、体育会系アイデンティティを題材に、自然としての身体を管理する近代のジェンダー秩序が、スポーツにより再生産される可能性を検討する。第9章「死別の悲嘆が開くネットワーク」では、モビリティーズが駆動する状況における「不在の実在」という観点から、死別を受容するためのグリーフケアが、自助グループのネットワークを通じて社会的に展開する過程を見ていく。第10章「グローバル化と戦争のディスクール」では、戦争ドラマについての女性の語りを題

材に、言説における「時間-空間の再編成」を、モビリティーズ概念における時間の「構成＝集合体」としてとらえ直す可能性を検討する。「おわりに」においては、生物から見たモビリティーズの未来を「ケイパビリティ」概念を援用して論ずる。

　各部の間に位置するコラムでは、各章に登場する理論の具体的な解説のほか、ジャーナリズム、スポーツや流通などの現場に関わる著者による具体的な視点を通じた検討から、より実地的な形でモビリティーズ概念への理解を深めることをねらいとしている。巻末の索引と合わせて、授業などでの学習に活用していただきたい。

　以上の内容において、アーリの概念に対するそれぞれの位置づけから、いわば「モビリティーズのまなざし」のもとで、現代社会の諸相を新たな視点についてとらえ直すことが本書の目的である。

［小川(西秋)葉子・是永 論］

🔖 参考引用文献
知里幸恵編訳 1978『アイヌ神謡集』岩波文庫.
小川(西秋)葉子・川崎賢一・佐野麻由子編著 2010『〈グローバル化〉の社会学
　　―循環するメディアと生命』恒星社厚生閣.
小川(西秋)葉子 2017「モビリティ」『社会学理論応用事典』丸善出版，pp. 542-
　　543.
是永論 2016「移動と情報行動」橋元良明編『日本人の情報行動 2015』東京大
　　学出版会，pp. 197-209.
是永論 2017『見ること・聞くことのデザイン―メディア理解の相互行為分析』
　　新曜社.

第 I 部

理論

第1章

『不在の存在』と音響の価値創出
——アクター・ネットワーク理論、リスク論、
アフォーダンスとの邂逅

[1] モビリティーズ的転回への序曲

『観光のまなざし』から自然のもつ自明性を問う視点をへて、モビリティーズという概念をジョン・アーリが彫琢するうえで、ブルーノ・ラトゥールのいう人間と非人間によるハイブリッドな「構成＝集合体（assemblage）」が大きな転換点を形づくったことは広く知られている（小川［西秋］2017）。本章ではその渦中におけるアーリをとりまく思想的な文脈をさぐることに主眼をおく。

ここでは、アーリの思想を形づくるうえで重要な役割をはたしたと考えられる学術雑誌をとりあげ、その影響をあきらかにする。アクター・ネットワーク理論の代表的な論者は、通常、ラトゥール、ミシェル・カロン、ジョン・ローとされている。そのうちカロンとローが編者をつとめた学術雑誌の特集号『環境とプランニング D：社会と空間（*Environment & Planning D：Society & Space*, 22)』は『不在の存在—ローカリティーズ、グローバリティーズ、諸方法（Absent Presence—Localities, Globalities, Methods)』と題されている。携帯通信電話会社ノキア主催のシンポジウムにおける論考を集めたこの特

集には、アーリ自身も寄稿し、自著『モビリティーズ』でも言及されている (Urry 2005)。

　本章では、これまでアーリをめぐる邦文の文献であまりふれられることのなかったこの共同論文集に着目して、モビリティーズ概念の萌芽をさぐる。同時に環境における包囲情報でもあるジェイムズ・ギブソンのアフォーダンスを射程におきながら (Urry & Macnaughten 2000)、ウルリッヒ・ベックのリスク概念を知覚においてかすかに感じられるものとして、音響を例にとって事例解説を行う。それによって、本書の「まえがき」で述べたような社会学におけるミクロ‐マクロ問題、すなわち日常的な実践と制度の相互作用をどのようにモビリティーズ研究が設定変更していったのかを理解することができるであろう。

2 ミシェル・カロンとジョン・ローらの執筆陣

　『不在の存在』の構成は、当時アーリが置かれていた学術状況を端的に表しているといえる。まず、『理論、文化、社会 (*Theory, Culture and Society*)』誌やその関連の学会などで交流を深めていた研究者たちがあげられる。具体的には、フランスのイノベーション研究を牽引していたカロンやブルデュー批判を行っていたアントワーヌ・エニョンの流れをくむ論者たちである。次に、イギリスのランカスター大学社会学部に関わる人脈である。すなわち、同学部の同僚でアクター・ネットワーク理論を名実ともに実践していたロー、自動車移動におけるモビリティーズ研究の共同研究を行うことになるミミ・シェラーや教え子のケヴィン・ヘザリントンらによる学術的潮流である。さらに、この特集が掲載された学術雑誌『環境とプランニング D：社会と空間』になじみの深い地理学者のナイジェル・スリフトやモバイルなコミュニケーション・ツールの発達にともなう空間意識の変容とコミュニケーション研究に関わるマイケル・ブルなどである。

最後に、科学技術社会学の始祖の一人ともいえるカリン・クノール=セティナによる特定の状況における科学や医療行為のエスノグラフィの流れを受け継ぐものである。手術室内の行為実践を論じたティアゴ・モレイラやグローバルな金融取引のミクロな分析を行うドナルド・マッケンジーらはこの分野に属するといえる。

　『不在の存在』の特集号では、このような四つの学術的な潮流が交わり、その後のアーリの研究方向を決定するような結節点のひとつとなったと考えられる。さらに、この号に収録された諸論文ではいずれも 2001 年にランカスター大学においてルーシー・サッチマンを中心に企画されたサイエンス・スタディーズ・センターのシンポジウムにおける諸発表と関連したテーマが論じられている。

　ちなみにその場には、マルチ・サイテッド・エスノグラフィで知られる人類学者のジョージ・マーカスが招かれ、暗黙の前提としてアクター・ネットワーク理論、エスノメソドロジー、テクノサイエンス研究、地理学、メディア・コミュニケーション研究が想定されていた。これらの分野間の対話と統合によって、説明にかわる記述の方法が模索され、モビリティーズ研究とエスノグラフィの新たな道を切りひらく結果となったのである。

③　『不在の存在』における基本コンセプト

　一見、論理だった記述をあたえるようにみえるアクター・ネットワーク理論は、実は現象学的社会学と記号論、レトリック分析の申し子といえる。そのため、『不在の存在』におけるカロンとローによる序文（Callon & Low 2004）は例のごとく謎かけのような印象を与えている。

　「グローバルなものはローカルなもの、不在は存在」（Callon & Law 2004：3）という節のタイトルは、ウイリアム・シエイクスピアによる戯曲『マクベス』の冒頭にある「きれいは汚い。汚いはきれい［晴れは霞、霞は晴れ、邦訳筆者］。」（シェイクスピア／河合訳

2008：7）という魔女たちの台詞や「あると思えるものは、実際にはありもしないものだけだ。」（シェイクスピア／河合訳 2008：21）というスコットランド国王となるマクベスの台詞を反映しているようである。これに先立って、ブルーノ・ラトゥールにも別のシエイクスピア史劇における有名な台詞「馬をくれ、馬を！ 馬のかわりにわが王国をくれてやる！」（シェイクスピア／小田島訳 1983：242）にならった論文タイトルがみられる（Latour 1983）。ここに、アクター・ネットワーク理論の推進者たちが置かれていた思潮と時代の雰囲気が見てとれるであろう。

　結論からすると、筆者の見解では、次のような暗黙の前提を理解しておくとよいと考える。すなわち、その場において不在なのに存在している行為体がどこかにいるという点である。たとえば、以下の会話を取り上げてみよう。

　　A：この音、好き？
　　B：あまりよく聞こえないけど、
　　　　どちらかといえば嫌いな方。

　音をめぐってかわされるこの事例は、日本語における会話として通常耳にすることもあるやり取りである。ここでは、それぞれの発話において、音を聞き取る、あるいは音を好むか好まないかの主語が省略されていることを読者は気づかれることだろう。また、この主語の位置には、音そのものを置くことも可能である。

　以上のような構成が、アクター・ネットワーク理論、さらには『不在の存在』で繰り広げられる議論の根幹と考えられる。さらには、この存在しているが不在なものの別の事例として虚数0が考えられる。とりわけデジタルなコミュニケーションにおいては、0と1によって多階層のやり取りの積み上げが可能になるしくみになっている。不在の場所に0が位置する二項対立が、1、2、3といった実数とともにネットワークの構築において不可欠であるといえる。

アーリ自身は『不在の存在』における論文で交通と通信の相互作用に興味を示している。ケンブリッジ大学学部時代に学んだ経済学専攻のバックグラウンドをいかすとともに、自動車利用における人間とモノと交通ネットワークを解明する、のちのモビリティーズ研究の展開を予言する内容となっているといえる（Urry 2004）。

　カロンとローの解説そのものは、ミッシェル・セールとブルーノ・ラトゥールを架橋しつつ、アクターの多様性を概観する。たとえば、アクターによる「翻訳」や「媒介」ネットワークを構築するヒエラルキー・ツリー、地図、グリッドへの注目、ジル・ドゥルーズの提唱する場所、アクター、あるいは先ほど述べた発話の主語となるアクターが時間-空間を折りたたむように「襞（ひだ）」となるという議論に触れていくことで、社会理論の新地平を示すことに成功しているといえよう。

　また、一方で、マーシャル・サーリンズやアルジュン・アパデュライなどのモノをめぐる人類学の流れ、もう一方でカール・ポランニーやマーク・グラノヴェッターらの市場と経済についての考察を参照することで、マニュエル・カステルの情報ネットワーク論をはるかに超える研究の広がりを生み出した特集となっている。

　さらにカロンとローは、『プランと状況的行為』でコピー機をめぐる科学技術コミュニケーションの民族誌により人類学とエスノメソドロジーの対話を可能にしたルーシー・サッチマンによる計算、接続、関係制作の現場となる「拡張身体」のコンセプトにも言及している。これは、単なる机上のネットワーク分析ではなく、具現化され、身体化されたコミュニケーションの将来像を描くのに十分に貢献しているといえる。

　このように見てみると、アーリが、ラトゥールのいうモノと人の合体した「ハイブリッド」に注目し、モビリティーズ研究に、モバイル・メディアを活用する観光客や車内で音楽を楽しむドライバーの人物像を導入するうえで、『不在の存在』はひとつの重要な転換点を与えたと今日では考えられるのである。

④ ウルリッヒ・ベックのリスク論とアーリ

『不在の存在』が出版される約10年前に、ベックは『リスク社会』の英語版、アーリはスコット・ラッシュと共著の『記号と空間の経済』を同じ出版社から発行し、国際社会学会の同じセッションで解説と討論を行った。その後グローバライゼーション論において、同じように国民国家を基本とした社会分析を批判しながらも、ベックはコスモポリタン的な意識や知覚、アーリはモノと人が混在したモビリティーズを追求することになる（小川［西秋］2017）。

ここでは、ベックとアーリの他の著作との関連において、『不在の存在』で示されたコネクションという概念（Urry 2004）を筆者が独自に選んだ事例によって理解を深めるのがよいだろう。そのときに媒介となるのが、前の節で述べた不在の主語や虚数0がその位置にあると想定することで成立し、理解される意味関連のネットワークである。音響が媒介する存在と不在のコミュニケーションを以下では三つ考察する。

第一の事例は、イタリアのヴェローナを舞台に展開する恋愛悲劇として有名なシエイクスピアの戯曲『ロミオとジュリエット』(1597)における以下のやり取りに関わる。ここで注目すべきは朝の訪れを告げる鳥のさえずりである。

> ジュリエット：朝よ、朝なのよ、行って、早く、
>   いらっしゃって。
>   あれはヒバリよ、調子はずれの歌をうたう
>   耳ざわりな、不愉快な、金切り声を出しているのは。
>   ヒバリは美しい旋律をうたうという人もある、
>   でもあのヒバリはちがう、私たちを引き裂く歌ですもの。
>   ヒバリはヒキガエルと目をとりかえたという人もある、
>   ああ、それなら声もとりかえてくれたらよかったのに。
>   あの声は私たちの腕を引き離し、朝を呼び、

あなたをここから追いたてる意地悪な歌ですもの。
さ、いらっしゃって。だんだん明るくなるわ。

ロミオ：明るくなればなるほど、二人の心は暗くなる。
（シェイクスピア／小田島訳 1983：140-141）

　このやりとりは、ちょっとした諍いから、愛するジュリエットの
いとこを刺殺したロミオが追放の処分を受けてジュリエットを訪ねた翌朝に寝室で語らう場面で行われる。ナイチンゲールの鳴き声ならばまだ夜のうちではあるが、もしヒバリがさえずっていたとすると、それは別れの朝がきた印となり、犯罪をおかしたロミオは追っ手を避けて旅立たなければならない。
　グローバルな環境危機をチェルノブイリの原発事故からひきだしたベックの発想を受けて、情報のフローの加速化を論じていたアーリは『身体と社会（*Body & Society*）』誌の特集号を共同編集する。その書籍版である『自然の身体』において、アーリは社会構築主義に依拠しつつも、移動する光学的な包囲環として環境をとらえるギブソンの「アフォーダンス」概念にも関心を示す（Urry & Macnaughten 2000）。
　視覚障がい者におけるアフォーダンスは通常 τ（タウ）すなわち目的地までの移動経路における時間とそれにつれて変容する音や風や光などの知覚情報によって構成される（伊藤 1994）。ロミオとジュリエットの会話で言及されるヒバリの鳴き声も、人々が起きて活動を始める一日の訪れを告げる合図となる。そうではなくて、それが「夜鳴き鳥」と称されるナイチンゲールの音色であれば、まだ深夜から明け方であるというリスクの不在を察知させる音声となる。
　交通と輸送、移動のネットワークと同様、『ロミオとジュリエット』における鳥の鳴き声は移動を余儀なくさせるタイミングを知らせるためのキューとなっており、時間と空間をまたがった組織を稼働する契機を提供していると考えられるのである。

⑤ 環境における警告色と警告音

　交通網を実際に稼動させるためには、通常安全操行時のルーティーンだけでなく、危険を知らせるリスク・コミュニケーションの存在が不可欠となる。第二の事例として、警告音としての自動車のクラクションをめぐる存在と不在の連結を考察したい。

　筆者と共編した『生命デザイン学入門』において生物学者の太田邦史は自然界の生物は環境にみずからを溶け込ませたり、あるいは危険を知らせるために特定の形や色をした身体を進化のなかで維持してきたと述べる。

> ……生物が別の物体や生物のかたちをまねることを「擬態」といいます。……枯れ葉などを餌にする人畜無害な昆虫であるトラカミキリは、攻撃性の強いアシナガバチに似たどぎつい模様をもっています。この模様を手に入れることで外敵はトラカミキリをアシナガバチだと勘ちがいし、攻撃するのをあきらめます。このようにして、無用な攻撃から効率的に身をまもっているわけです。そもそも、この擬態の対象となる危険で毒々しい生物たちも、みずからの危険性をその警告色で表現しています。私たち人間も、毒ヘビの赤星の縞模様や、スズメバチの黄色と黒の模様などを見ると、なんとなく危険に感じて近寄らないようにしています（小川［西秋］・太田 2016：3-4）。

　上記のようなメカニズムは、自動車が近づくときに鳴らされるクラクションがはたす役割にもあてはまるであろう（松田 2018a, 2018b）。すなわち、色だけでなく周囲の環境から際立った音を発することによってもリスクが身近にあることのシグナルのやり取りが成立し、異なった生物が共存する世界が生まれていると考えられる。
　ベックは『コスモポリタン・ヴィジョン』において、グローバルな世界で移動と寛容を肯定する意識と知覚を重視した（Beck 2006）。

さらに、遺著となった『変態する世界』においては、生物のように、あるいはギリシャ・ローマ神話に登場する神々や人間のようにその様態自体がまるっきり別物に変容する今日の世界におけるメタモルフォシスという特殊性を強調することになった（Beck 2016）。

のちの共編著『オートモビリティーズ』のなかで、アーリは自動車と一体化する人間の構成＝集合体、さらに、カルチュラル・スタディーズの始祖とされるレイモンド・ウイリアムズの「モバイル・プライヴァタイゼーション」概念に依拠しつつ、車内の音響空間で人が感じる快楽にも目を向けている（Urry, Featherstone & Thrift 2005）。これは、東京における移動狭小空間の住みこなしとして筆者が論じた経験にも通ずるものである（Ogawa Nishiaki 2001）。

『不在の存在』のなかでも、地理学に端を発した音響と移動についての考察がなされている。このような知覚とモビリティーズとの相互作用は、彼の主著のひとつである『観光のまなざし3.0』の改編につながっていくと考えられる。それは、その後やはり地理学の洗礼を受けたヨーナス・ラーセンを共著者にむかえ、写真を撮影することにより変容する観光体験とそのグローバルな環境への弊害という両側面に配慮を示すことで結実するのである（Urry & Larsen 2011）。

⑥　音響効果による価値の創出

これまでアクター・ネットワーク論を推進してきたカロンとローが共同編集した特集『不在の存在』において、アーリのおかれた学術的な潮流の結節点をみてきた。さらに、ベックと比較することでグローバル化研究とコミュニケーション研究における、その特徴を明らかにしてきた。これまでの節において筆者自身が提案したのは、鳥のさえずり、自動車のクラクションといった具体的な事例、とりわけ音響効果によるリスク認知やアフォーダンスという観点において、アーリの問題意識を応用した考察が多様なメディアの研究へと発展可能であろうという点にほかならない。

最後の事例として、今度は音響がつくる創発的な意味と物理的存在としての映画をめぐる価値判断を論じることにする。本章第2節でふれた『不在の存在』において論じられるカロンの市場分析を発展させたエニョンらのオーディオ機器マニアのやり取りの分析では、音響や音質とモノの相互作用にも言及がなされている。このような音響機器についての専門的な知識のやり取りに類するものとして、この節では筆者自身が行ってきた研究に言及する。それは、映画批評家たちが新しいジャンルをつくり出そうとする制作者たちの意図とその卓越化の度合いを値ぶみする1940年代のハリウッド映画産業をめぐるプラクティスに基づくものである。

　アーリはのちにアンソニー・エリオットとの共著『モバイル・ライブズ』において、時間的・空間的に離れたアクターたちが、アーヴィング・ゴフマンのいうような毎日の儀礼的なコミュニケーションによって連結されていく様子を描写している（Elliott & Urry 2010）。これに対し、映画批評家たちの実践とは、自分たちの知る映画や他のメディア、そしてこの場合には実際の映画の主題となったニューヨークという都市そのものについての知識をふまえて評論を執筆するという儀礼である。制作者と批評家の双方がつくり出すアート・ワールドにおいてはこのような創作と批評のやり取りによって、映画のジャンルの画定や作品の出来不出来の判断がなされ、発展と淘汰の両方のプロセスが同時に進行する。

　筆者の研究成果によると、エンタテインメントの業界にニューヨーク現地ロケーションと新聞コラムニストのナレーションを取り入れたアメリカ初のセミドキュメンタリー都市映画『裸の町』(1948)は、制作者たちの目論見とは異なり、「メロドラマ」であるというジャンル画定の判断を下す批評をされることとなった（小川 1988）。

　メロドラマについては近年日本においてもさまざまな研究が進められているが、その古典的理論のひとつとされるクリスティン・グレッドヒルらは主にプロットに注目し、音声面ではナレーションにあたるヴォイス・オーバーの観点からメロドラマを定義するのにとどまって

いる（小川［西秋］近刊）。『裸の町』は実際のニューヨークを撮影した点ではセミドキュメンタリーという視覚的ジャンルを創出したといえる。それでもなおメロドラマと分類された理由には、フラットなテンポのセリフ回し、クライマックスから終盤までの管弦楽団によるアップテンポのオーケストラ楽曲による情景外音楽（観客にだけきこえる音響をさす）の二要素をメロドラマジャンルのほかの映画と連結する結節点とみる批評家の価値判断が影響していると考えられる。

　ここでの情景外音楽には前に述べた二つの事例、すなわち、鳥のさえずりと自動車のクラクションのように危険の接近を知らせるという効果に加え、もうひとつ別の価値が付加されている。それは、観客をハラハラさせつつそのクライマックスでは大団円に収束するメロドラマの音響装置という映画ジャンルの文法あるいは文化を高らかに告げる音楽儀礼である。ほかのメロドラマにおいては、楽曲による劇伴の分量がより多いのが常ではあるが、『裸の町』をメロドラマと評した批評は、冒頭と末尾のナレーション、セリフのテンポとクライマックスの管弦楽曲の三つのみで、ほかの要素を捨象したうえでジャンル区分をしていると考えられる。

　本章で論じてきた『不在の存在』においても、「ないのにあるもの」「局所的なのにローカルでないもの」といった議論が繰り広げられてゆく（Callon & Law 2004）。最後の事例にみる音響効果は異なった映画のネットワークを結びつけるとともに、ジャンルの画定と再画定を批評において行う。まさに先に述べた文における行為主の不在や虚数0のように、その映画で流れていない音までもすくい上げて、映画をめぐるプラクティスを儀礼のように行っているといえるだろう。

⑦　アーリにおける『不在の存在』という残響

　以上『不在と存在』におけるアーリの位置をより明らかにするために、音響効果をめぐる三つの事例を提示して論じてきた。現象学と位相数学は空間論や地理学において暗黙の前提となってきた。そ

れに加えて、アクター・ネットワーク理論の洗礼を受けながらも、経済学から発したアーリの研究方向は交通経済学とコミュニケーション論を結びつける独自の展開を示していたといえる。そういったひとつの重要な通過点をここでは素描し、より具体的なイメージを喚起するような音響効果をめぐるコミュニケーションに応用できることを三つの事例によって明らかにした。

この章で論じてきた鳥のさえずりや自動車のクラクション、映画音響によるジャンル画定などはアーリのモビリティーズ研究をさらに発展させるうえで興味深い観点を提供していると考えられる。本章で示した諸論点は、アクター・ネットワーク理論、リスク論、アフォーダンス概念という、アーリがその後取り組んでゆく研究の道すじをも先取りしているのであろう。これらの諸研究との関連と応用についてはまた別の機会に詳しく考察をすすめることとしたい。

現在、グローバルな拡大をみせている新型コロナウイルスも存在しているが不在であるといえる。感染症を例にしてみれば、目の前に姿が見えない離れた他者によるせきやくしゃみの音、あるいは、疫病感染アプリが知らせるブザーの音などが本章の応用例として考えられる。また、コロナ関連の SNS 動画やテレビ番組などで構築される不安と脅威をあらわす音響フォーマットなども、『不在の存在』のコネクションを具現化させている。さらに、過去に黒死病やコレラなどの感染症で命を落とした死者たちの物語や病気を予言するアマビエなどの超存在をめぐる音響や動画も本章で提出した視角の延長線上にとらえられるだろう。

現状の感染症の流行により引き起こされた世界規模の変容はまた、「不在」の意味を再考する機会となる。ウイルスのように微小すぎて存在を確認することができないのか、地球という惑星のように巨大すぎてその全容を実感できないのか、さらにマスクによって遮蔽されていたり重なり合っているために不在のようにみえるのか。『不在の存在』の前提そのものは、その都度、実践を行うなかで問い直されるべきであるといえる。　　　　　　　[小川(西秋)葉子]

📖 参考引用文献

Beck, U. 1992 *Risk Society*, Sage.

Beck, U. 2006 *Cosmopolitan Vision*, Polity.

Beck, U. 2016 *The Metamorphoses of the World*, Polity.（枝廣淳子・中小路佳代子訳 2017『変態する世界』岩波書店.）

Callon, M. & Law, J. 2004 "Introduction: Absence-Presence, Circulation, and Encountering in Complex Space." *Environment and Planning D: Society and Space*, 22: 3-11.

Elliott, A. & Urry, J. 2010 *Mobile Lives*, Routledge.（遠藤英樹監訳 2016『モバイル・ライブズ—「移動」が社会を変える』ミネルヴァ書房.）

伊藤精英 1994「TAU の意味論」『現代思想』22(11): 178-187.

Latour, B. 1983 "Give Me a Laboratory and I will Raise the World." In Knorr-Cetina, K. & Mulkay, M. J. eds., *Science Observed*, Sage, pp. 141-170.

松田勇治 2018a「松田勇治の "アイテムウォッチ" 第 1 回 自動車用ホーンについて掘り下げる（前編）」『Motor Magazine』2018 年 3 月号: 132-135.

松田勇治 2018b「松田勇治の "アイテムウォッチ" 第 2 回 自動車用ホーンについて掘り下げる（後編）」『Motor Magazine』2018 年 4 月号: 136-139.

シェイクスピア, W.／河合祥一郎訳 2008『新訳マクベス』角川書店.

シェイクスピア, W.／小田島雄志訳 1983『ロミオとジュリエット』白水社.

シェイクスピア, W.／小田島雄志訳 1983『リチャード三世』白水社.

Ogawa Nishiaki, Y. 2001 "Tokyo Style, or, the Prospect of Living Otherwise: Mobility, Dwellings and Technologization of Tokyo Metropolis." Session 5: Locales, Techno-locales and Portable Places, Theme Session: Information Technologies, Congress of the Society for Social Studies of Science, The University of Massachusetts, Boston, MA, 2002, Abstract.

小川(西秋)葉子 2017「モビリティ」日本社会学会 社会学理論応用事典刊行委員会編『社会学理論応用事典』丸善出版, pp. 542-543.

小川(西秋)葉子・太田邦史編 2016『生命デザイン論入門』岩波書店.

小川(西秋)葉子 近刊「メディア・ジャンルと知覚のモビリティーズ」『メディア・コミュニケーション』71 号.

Urry, J. 2004 "Connections." *Environment and Planning D: Society and Space*, 22: 27-37.

Urry, J. 2005 *Mobilities*, Polity.（吉原直樹・伊藤義高訳 2015『モビリティーズ』作品社.）

Urry, J., Featherstone, M. & Thrift, N. eds. 2005 *Automobilities*, Sage.（近森高明訳 2010『自動車と移動の社会学』法政大学出版局.）

Urry, J. & Larsen, J. 2011 *The Tourist Gaze 3.0*, Sage.（加太宏邦訳 2014『観光のまなざし（増補改訂版）』法政大学出版会.）

Urry, J. & Lash, S. 1994 *Economy of Signs and Space*, Sage.（安達智史監訳 2018『フローと再帰性の社会学』晃洋書房.）

Urry, J. & Macnaghten, P. eds. 2000 *Bodies of Nature* (*Body & Society, 6(3-4)*), Sage.

第2章

『モバイル・ライブズ』
―― 首都圏の鉄道システムにおける技術と身体

① 交通テクノロジーとしてのモビリティーズ

　『モバイル・ライブズ』（エリオット＆アーリ 2016）のなかで、社会科学の新たな概念として打ち出されている「モビリティーズ」（モビリティーズ・パラダイム）は、同書において 13 の構成要素が示されているほどに複雑なものである。しかしながら、そのアイデアの根源には、移動の大衆化などの肯定的な面と、環境汚染などの否定的な面をそれぞれに持った、自動車という交通テクノロジーの存在が多くを占めていると考えてよいだろう。同書では、さらに加えて、近年のモビリティーズに特徴的なグローバル化の側面とともに、その交通手段としての航空機（エアライン）が多くの空港の画像とともに強調されている印象がある。

　本章ではそれらの交通手段が普及した順番をさかのぼる形になるが、日本の首都圏における鉄道のネットワークに注目することにしたい。それにより、同書の目次にあるうちの、デジタル技術とネットワーク資本および消費といった、モビリティーズの構成要素そのものが相互に結びつくポイントをできるだけわかりやすく示そうと

考える。そのポイントを確かめることは、20世紀以降、世界の諸地域において移動手段の中心となってきた自動車とは異なる独自の移動（モビリティ）システムについて、同書に示されるような未来のシステムの「せめぎ合い」とともに考えるきっかけともなるだろう。

② 首都圏の鉄道ネットワーク・システム

　東京23区を中心に全長2,400キロにも渡るという（高松2015）、首都圏の鉄道網の複雑さ（図1参照）については、外部からの旅行者や移住者にとってだけではなく、圏内に在住するものにとっても目を見張るものであるだろう。そして、そのなかをピーク時には定員の1.5倍から2倍以上に渡る乗客を満載した電車が縦横に走り、新宿駅では一日平均340万人近くが乗降するなど、巨大な規模での移動が毎日のように行われている。

　さらにその上で驚異的とされるのが、「定時運転」と呼ばれる運行時刻の正確さである。一列車あたりの遅延は1分が基準とされる

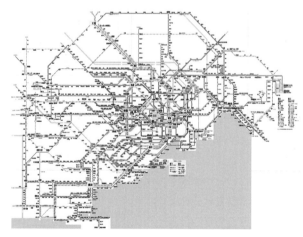

図1　首都圏の鉄道ネットワーク
（https://note.openvista.jp/2014/svg-rail-map）

なかで、不測の事態のない限りは予定時刻を遅延することがほとんどなく運行がなされ（三戸 2001）、途中でキャンセル（運休）されるような事態はまず見られない。この定時運転は巨大な乗客規模とともにしばしば海外諸国から注目され、自国における遅れや運休の多さと比較される一方で、運行が定時から少しだけ違っても鉄道会社が謝罪する姿勢には、執着し過ぎではないかという指摘さえある。

　首都圏の鉄道網がもつ、こうした特徴の背景について見ていくと、まずその複雑な拡大の過程は、大正年間（1923 年）の関東大震災により、都市圏郊外へ居住地域が広がったことに端を発している。そして、限られた車両数で大量輸送を行うために、次の列車が来るまでの時間（列車間隔）と停車時間の急激な短縮がはかられた。このうち停車時間の短縮には、乗降時間の短縮も含めて、秒単位での検討がなされて来た。すでに大正のうちに東京都内での列車間隔は混雑時で 3 分を切り、停車時間も 20 秒に標準化されたという（三戸 2001）。そして現在に至っては、路線によっては 1 分台にまで短縮されている。

　次に、定時運転の実現についてはさまざまな要因が絡み合っているが、その基本となっているのが「ダイヤ（ダイヤグラム）」と呼ばれる、列車運行のスケジュールを図表化したものの作成である。図2 のように、縦軸に距離（駅名）、横軸に時刻を取った上で、時刻の経過にともない変化する列車の位置が表現されている。このようなダイヤの作成によって効率性や特色をもった運行が計画されるだけでなく、図表の利用によって実際の運行を円滑に管理することが可能となる。特に首都圏のような、大量の乗客輸送をしながら列車間隔と停車時間の短縮を保つという複雑な運行には、ダイヤを用いたさまざまな工夫が生かされている（和佐田 2017）。

　そのうちの一つには「余裕時分」と呼ばれる、乗降人数の多さなどにより発生する時間の乱れを防ぐための時間の追加がある。これについては、ただ機械的に時間を振り分けるのではなく、駅ごとの状況やトラブルの想定など、人間による経験的な知識を反映させな

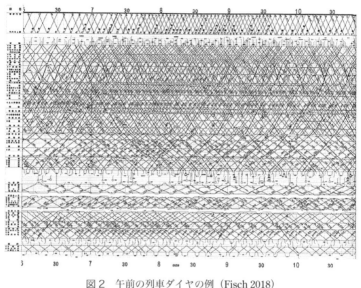

図2　午前の列車ダイヤの例（Fisch 2018）

がら時間を回復する設計がなされている。さらに、このような時間
の回復には運転士の操作も深くかかわっており、感覚によって個々
の駅間ごとに秒単位での調整がはかられているという（三戸 2015）。

　一方で、列車の運行には安全の確保が最大の使命とされる。なか
でも重要なのは、列車どうしの位置を厳重に管理し、一定の区間に
他の列車が入らないようにする「閉塞」という操作で、信号機によ
る制御がなされている。1980年代以降はこれに加えて列車の停止
装置（デジタル ATC）や分散化された運行管制システム（ATOS）な
どの制御技術が発達することによって、運転間隔の飛躍的な短縮が
実現された（和佐田 2017 など）。特に ATOS の導入は、輸送量の変
化に対する柔軟な対応を可能にし（川辺 2014）、80年代以降の通勤
人口の増加や、地球温暖化による気候変動など、さまざまな変動要
因を取り込んだ形で運行が維持されるようになったという（Fisch
2018）。

ジョン・アーリらによるモビリティーズの概念からすると、鉄道は近代社会の発展とともに、一つのモビリティ・システムとして、社会生活における移動性を高める技術的な基盤となってきた。しかしながら、その一方で、鉄道は自動車のシステムに比べると、生活の変化に対して適応力が低いものと位置づけられている（エリオット＆アーリ 2016）。これに対して、首都圏の鉄道は、以降に示すような乗客との「つながり」により、人々の生活様式の一部として自動車のシステムを代替する地位を保ってきたと考えられる。

　表1は先進国の主要都市における自動車の世帯保有率と、国全体の世帯保有率の差を示したものである。東京の場合は、国内の他地域と比べて保有率が低いだけでなく、都市としての保有率もまた、他国の都市に比較して低い数値を示している。このことから、公共交通が発達している都市のなかでも、特に東京の鉄道システムは、自動車システムに対して相対的な強みをもっているといえる。このような首都圏における鉄道の強みは、アーリらが現代のモビリティ・システムの特徴とするような、専門的な技術知識との結びつ

表1　主要先進国別の都市と国全体の自動車保有率（世帯）の比較
（euromonitor international 2014）

	都市	国全体	（保有率の差）
ベルリン（ドイツ）	53.2	77.3	(24.1)
ニューヨーク（アメリカ）	67.4	89	(21.6)
ブリュッセル（ベルギー）	63.1	84.2	(21.1)
ハンブルク（ドイツ）	56.4	77.3	(20.9)
ウィーン（オーストリア）	67.1	86.2	(19.1)
ヘルシンキ（フィンランド）	64	79.2	(15.2)
東京（日本）	60.5	75.6	(15.1)
パリ（フランス）	69.9	83.9	(14)
エルサレム（イスラエル）	62.1	74.8	(13.2)
コペンハーゲン（デンマーク）	62.1	74.8	(12.7)
ロンドン（イギリス）	63.3	75.4	(12.1)

きによって支えられていることが、これまで見てきたようなダイヤによる運行技術や、そのデジタル化などからも確かめられる。

③　乗客におけるさまざまな「つながり」

　しかし、首都圏の鉄道が高度なモビリティ・システムであることの要因は、運行する側の技術に限られるものではない。乗客もまた、鉄道システムを支える重要な地位を占めている。その意味では私たちもそのシステムのなかに含まれているといえる。

　先に述べてきたように、大量の乗客輸送を定時運転のように効率的な形で行うためには、停車時間の短縮が重要な意味をもつ。その際には、乗客が乗り降りする時間（乗降時間）も一つのカギとなる。しかし、時には定員の2倍にもなる人数が秒単位の短い時間で乗降することは容易なことではない。そのためにまず運行側が徹底に努めているのが、「整列乗車」をはじめとした乗降のマナーである。「整列乗車」は、列車を待つ乗客があらかじめホームに列を作って乗る順番を取り決めておくことであり、その上で列車が到着した際には「降りる人が先で、乗る人は後」という乗降の順番を守ることで、大量の人数によるスムーズな乗降が達成される。普段から通勤などで列車を利用している人には常識のようなことかもしれないが、こうしたマナーもまた運行技術の一つとして考えられていることが重要である。実際に、このような「常識」が普及しない段階では、乗降する乗客どうしが激しくぶつかってトラブルになったり、混雑のなかでいち早く「乗車」するために列車の屋根に上ったりするなどの危険な例が見られる（ゲートリー 2016）。また、マナーが普及していたとしても、満員時の強引な乗り込みや、駆け込み乗車のような行為によって、停車時間が延ばされてしまう事態も起こり得るため、こうしたマナーを技術として維持するためには、乗客による進んでの協力が欠かせない。

　その一方で、乗客の側でも、こうした状況において、降車駅で降

りやすい位置や座れる席を確保したりするなど、自分の目的をできるだけかなえようとするための技術を用いている。このような技術もある程度「常識化」しており、実際に「通勤の作法」（田中 2014 など）などとしていくつか書物にもまとめられている。図3はそのなかにある満員の車両に乗り込む技術を示したものである。行為としてはやや強引にも映るが、満員の状況でも時間をかけずに乗り込むための方法としてとらえれば、後ろ向きになることで体を入りやすくし、腕と足腰の力をつかって自力で乗り込むなどの工夫もまた一種の「運行技術」に入るものといえるかもしれない。

　そして、この方法を紹介している著者は、長年の通勤からの経験で「すみません」のひと言を加えることや、「自分も苦しいのだ」という表情を浮かべながら周囲に「仲間意識」を抱かせることを推奨しながら、他の乗客による理解と協力を重視している（田中 2014）。つまり、乗客は確かに自分がそれぞれにもつ目的にかなうように車内でふるまうことがある一方で、そのふるまいはあくまでマナーの範囲として、他の乗客からの協力と理解が得られるような形での「乗客」の品行をもってなされる必要がある。

　この乗客としての品行という点は、乗客どうしの間に成立する別

図3　「通勤作法」における満員電車の乗車法（田中 2014）

の「つながり」と合わせて考えると興味深い。7章で詳しく述べられているように、列車の乗客はお互いに「見知らぬ人」であるが、それらの人々の間には多くの場合非言語的な手段によるメタコミュニケーションが進行している。そこでは、お互いの関係を「見知らぬ乗客」として定めながら、「儀礼的無関心」などのふるまい方をわきまえたコミュニケーションが行われている（長田 本書7章）。

　そのコミュニケーションのなかで特に注目されるのが、お互いが「沈黙」を保つことの重要さである。これは「整列乗車」と同じくマナーとして訴えかけられているような、車内での通話やヘッドフォンの音量への気づかいなどを合わせて考えると理解しやすい。つまり、お互いに沈黙を守っていることは、「見知らぬ乗客どうし」でありつつ「品行をもつメンバー」であることの理解をもたらすための手がかりとなっており、そのメンバーとしての前提（ハロルド・ガーフィンケル）が、さらに列車内でのさまざまな行動を一定した形（規範）をもって関連づけることになる。たとえば近年は車内に動画で広告が流れることが多くなったが、動画には音声がなく、あくまで画像だけを見る形式が一般的になっている。このような形式はそれ以前に主要であった「中吊り広告」と同様に、沈黙のなかで内容を理解するという規範をそのまま踏まえているものとしてとらえられる。

　文化人類学者のマイケル・フィッシュによれば、このような広告の形式は、それを見るものに対して、ある共通した前提を要求しているという（Fisch 2018）。その前提には、テレビ CM として流れている広告がシリーズの一つであることを知っていることや、CM と同一の動画であれば、見るものはある程度その内容を知っているために音声を必要としない、といったことが含まれる。この点で車内広告の受け手となるメンバーは旅行者や移住者であるというよりも、日常的に国内でテレビを視聴しており、日本語にも習熟している「住民」を前提とすることにもなる。関連していえば、海外では公共の場で酒類の広告を禁止している国も多いが、日本の場合はむ

しろ車内広告の中心的な位置を占めており、このような点にも「乗客」というメンバーとしての前提が関係してくる。

　ここまでに見てきたような、乗客どうしの関係がもつ特徴は、モビリティーズ・パラダイムの要素にあげられている「移動に結び付いた」という点から、さらに移動においてのみ体験が可能な「つながり」として大きな意味をもつと考えられる。つまり、マナーの名のもとで求められるさまざまな身体の制御は、ひとえに移動と関連するなかで意味をもつ一方で、人々の間に「乗客」としての「つながり」をもたらしながら、メンバーとしての共同性を意識させる。こうして首都圏の鉄道システムは、その運行技術と稼働条件が乗客に求める共同性にしたがって、モビリティーズのさまざまな要素を包み込む構成＝集合体（アセンブリッジ、アッサンブラージュ）としてとらえられる。

　この共同性については次節であらためて考察するものとして、乗客の行動としてもう一つ重要な特徴をもつ、スマートフォン（スマホ）に代表される車内でのモバイル・メディアの利用についてふれておこう。モバイル・メディアは「小型化された（miniaturized）モビリティーズ」として同書でアーリが重視しているものである。それは移動を代替する手段でもあるとともに、自己そのものを含む、移動にともなう新たな社会関係のあり方を構成する技術にもなっている。

　しかしながら、ここではモバイル・メディア自体の特徴よりも、それが車内という空間で利用されていることに注目したい。なぜなら、メディア上で構成される自己や他者との関係は、そのつどに「現勢的身体が置かれている状況」に依存しているからである（長田本書7章）。つまり、メディアの利用はその場で支配的な社会的な状況の規範（支配的関与）に対応してなされており、列車内の場合、スマホなどを見ることは、先に述べた「沈黙を守る」という規範に対応した「従属的関与」として位置づけられる。その一方で、長田が指摘するように、外界を完全に遮断するほどの関与により、他の

乗客とのメタコミュニケーションがないがしろにされることが、乗降の際の「歩きスマホ」などの形で現れることもある。ただし、モバイル・メディアの日常的な利用状況でみた場合、首都圏の住民はニューヨーク、シンガポール、北京、ソウルの四都市いずれの住民に比べてネット利用時間が最も短い（北村ほか 2018）ことから、日本の人々にとって日ごろからスマホを見ることが、それほど強い関与の対象になっているとは言い切れない。一方で、利用時間と移動時間の長さとの相関が見られることから、むしろ従来の雑誌や新聞などと同様に、視線を不用意に他人に向けない規範と合わせて、沈黙を守る乗客としての「品行をもつメンバー」であることを示すために、スマホがとりあえずの関与の対象にされている可能性もある。

④ 鉄道をめぐるネットワーク資本

前節から、首都圏の鉄道における乗客において、定時運転などの運行形式への協力を通して、お互いに「品行をもつメンバー」としての共同性が現れることが示された。

この共同性は、図3の例で満員電車での苦境を分かち合うことが「仲間意識」と呼ばれていたことも合わせて、一つの「親密性」として考えることもできる。実際に通勤者の間では沈黙のなかで言葉を交わすことがなくても、通勤途中でよく見かける相手に親近感を覚えるという例もあるという（Fisch 2018）。アーリは「社交性」という概念を用いて、移動性のなかで維持される人間関係について考察していたが、その際には、家族などの既知の関係に対する移動性の影響と、移動性がもたらす「弱い紐帯」（マーク・グラノヴェッター）による効果の拡張が指摘されていた。通勤列車がもたらす「社交性」の力は、これらに比べるとほとんど直接的な効果はないといえるが、一方で列車通勤という生活様式が習慣化するなかで独自の影響力を発揮してきたと考えられる。

その一つが、「サラリーマン」としての共同性で、特に 1950 年代

には、経済高度成長期には電車通勤を題材とした映画なども含めて、特定の生活様式に基づく文化としてメディア上に描かれ、通勤者はその文化の享受を通じて「想像の共同体」を構成していた。現在もテレビの取材などで東京は新橋の「（鉄道）ガード下」に集う通勤帰りの人々が勤め人の代表として取り上げられることがあるが、これもこうした共同性の名残りといえる。しかし、同時に指摘すべきなのは、その名称とともに、この共同性が男性というジェンダーに支配的に結びついてきたことである。フィッシュは通勤列車の中吊り広告に性的な内容が多いことについて、それがサラリーマン文化のなかで肯定されてきた性的な嗜好を反映してきたと指摘している（Fisch 2018）。また、堀井光俊は主に痴漢対策として2000年代から導入された「女性専用車両」について、その効果には賛否が並立するものの、構図として男性の支配的な枠組みのなかで女性が車両に「閉じ込められ」る形で導入されたことに異を唱えている（堀井 2009）。この構図とは、もともと通勤電車が男性の（社交のための）空間であったところに、社会進出にともない女性が「流れ込んできた」というもので、鉄道システムにジェンダーに基づく排他性が前提されてきたことを示す。アーリもまた、移動性が社会階級と結びつく状況を「ネットワーク資本」という概念で示しながら、移動性と不平等の関係を考察している。

　最後にこのネットワーク資本という観点から、近年の首都圏の鉄道システムに顕著な特徴を示しておこう。それは、Suica（スイカ）などの非接触型ICカードを用いた改札システムの導入である（椎橋 2014）。この技術もまた、乗客の通行を円滑にする点で列車運行の効率化に関わるものであるが、利用者側にとってはさらに大きな意味をもつことになった。それは、このカードが電子マネーの機能をもつとともに、その利用を促す場所として、エキナカなどの商業施設が現れたことである。これにより、移動空間はそのまま消費の空間となり、「乗客」は同時に「消費者」としても位置づけられることになった。この点には、アーリが同書で観光地における「過剰

な消費」として指摘するような、次々と構築される移動空間のなかで消費に「追い立てられる」構図としての共通性が見いだせる。同時に、職種などにより、その空間が資本として生み出す利益を享受できる社会階層が限られ、社会の分断化が促進される可能性にも注意する必要があるだろう。

5 次のモビリティーズへ——技術と身体の連関

　本章では、独自の高度なモビリティーズ・システムとして、首都圏の鉄道ネットワークについて検討してきた。少し技術的な側面の紹介が多くなったが、それには3章と同じく、システムをヒト、モノ、情報といった要素の連関（ラトゥール 2018）によって構成されるネットワークとして位置づけるアクター・ネットワーク理論（ANT）が背景にある。特に定時運転を生み出すエージェンシー（第Ⅱ部コラム4参照）については、運行を支えるテクノロジーに、運転士の経験や、乗客による身のこなし方など、さまざまな身体との連関が見られることが確認された。

　その一方で、モビリティーズの観点からすれば、電車通勤という移動の形式には、自動運転の車や在宅業務の展開などによる「せめぎ合い」のなかで、今後さらに大きな変動が訪れることが予想される。また、災害や気候変動に対する対策も引き続き追究すべき課題としてあげられるだろう。近年のコロナ禍では、過密状態や通勤そのものの見直しにおいて、まさに以上の課題が浮き彫りにされた。とはいえ、決して鉄道システムが構成＝集合体としてもっていた要素に見切りをつける必要はなく、「余裕時分」の例で見たような、身体と技術が連関するポイントをくみ取りながら、次のシステムに接続させていくことが重要に思われる。　　　　　　　　［是永 論］

▐▌ 参考引用文献
アーリ，J.／吉原直樹・伊藤嘉高訳 2015『モビリティーズ—移動の社会学』作

品社.

エリオット, A. ＆アーリ, J.／遠藤英樹監訳 2016『モバイル・ライブズ―「移動」が社会を変える』ミネルヴァ書房.

Fisch, M. 2018 *An Anthropology of the Machine: Tokyo's Commuter Train Network*, University of Chicago Press.

ゲートリー, I.／黒川由美訳 2016『通勤の社会史―毎日5億人が通勤する理由』太田出版.

堀井光俊 2009『女性専用車両の社会学』秀明出版会.

川辺謙一 2014『東京総合指令室―東京圏1400万人の足を支える指令員たち』交通新聞社新書.

北村智ほか 2018「情報行動と社会意識に関する国際比較―「日本人の情報行動調査」プロジェクトにおける日中韓星米5ヵ国オンライン調査」東京大学大学院情報学環情報学研究. 調査研究編 (34)：119-211.

ラトゥール, B.／伊藤嘉高訳 2018『社会的なものを組み直す』法政大学出版局.

三戸祐子 2001『定刻発車―日本の鉄道はなぜ世界で最も正確なのか？』新潮文庫.

椎橋章夫 2014『ペンギンが空を飛んだ日―IC乗車券・Suicaが変えたライフスタイル』交通新聞社新書.

高松良晴 2015『東京の鉄道ネットワークはこうしてつくられた―東京を大東京に変えた五方面作戦』交通新聞社新書.

田中一郎 2014『[図解] 電車通勤の作法』メディアファクトリー新書.

和佐田良一 2017『列車ダイヤはこう進化を遂げた―日本の鉄道はニーズにどう答えてきたのか』交通新聞社新書.

第 3 章

物流スタディーズと
『カーゴ・モビリティーズ』
――「表象されない忘れられた空間」と
「秩序づけられた無秩序」

① 物流クライシスと時空間認識

　現代の人文・社会科学における空間論的転回の動向のもとでは、社会空間がもはや社会的活動の単なる容器ではない。むしろ社会空間は場所の関係性に基づき、社会的活動が再生産される場である。また移動論的転回はヒト・モノ・情報の流動の急激な増大にもとづいて生じている。現在のモバイル通信端末の普及とモータリゼーションの進展は、諸個人の移動と通信のモビリティを著しく向上させ、人々に新しい時空間認識を形成した。しかし、ミミ・シェラーとジョン・アーリが指摘するように、そこでは移動・通信の自由度が増大する一方、情報の過剰化にともなう社会統制の衰退によって、むしろ細分化・分断化され、孤立する諸個人像が浮かび上がる（Sheller & Urry 2003）。

　そもそも昨今、話題となっている「宅配便クライシス」「物流クライシス」とは、ネット通販の利用拡大による宅配便出荷量の急激な増加に宅配便の輸送が十分に対応できず、そのため、長時間・低賃金・深夜労働が行われ、人手不足となり、非正規雇用を増大させ

ても、配達遅延が生じているという問題である。いかに最新の設備・資本を投資しても、宅配便においてはラストワンマイル問題、すなわち、受取先への個別の配達は労働集約的なまま残されている。

　ところで、2020年1月以降のパンデミックによる一連の社会混乱により、地理学が従来から用いてきた「距離」・「集積」・「生活様式」といった概念が、正反対の意義に突如転換した。そこで、都市集積や産業集積の意味が新たに問い直されていよう。外出や集積を避けるため、生活必需品や日用品まで通信販売への依存が増大し、宅配便の輸送量も急増しつつある。配送員との接触を避けるために「置配」という制度も新たに定着した。このように「物流クライシス」が、いっそう深刻化しつつある。

　筆者は、このような「物流クライシス」を、「表象されない忘れられた空間」と「秩序づけられた無秩序」の二つのキー概念をもとに解明することにしたい。

　この「クライシス」は、効率的とされてきたジャスト・イン・タイムに内在した矛盾にともなっている。つまり、情報はヴァーチャルな電子空間を瞬間的に伝達されうる。しかし、物質性（モノ・車両）や身体性（ドライバー）は、現実の地理空間を移動しなければならない。その地理空間はスマホやパソコン上での購買発注のときには、消費者にとって特に意識されない「表象されない忘れられた空間」なのである。

　要するに宅配便は、荷物・ドライバー・モバイル端末・車両などからなる異質でハイブリッドなネットワークから構成されている。一方、消費者はいつでもどこでも、スマホを駆使して発注・支払いを容易に行い、不在による再配達を増加させ、労働負荷やコストを増加させている。またネット上では虚偽や不確実な情報や中傷が拡散する。このようにサイバー空間は、本来は情報技術システム上で厳密な秩序をともなっているはずであるが、しかし誰も特定の個人を中枢的に管理できないため、「一見秩序づけられているように見えるが無秩序の状態（秩序づけられた無秩序）」をかもしだす。その

混沌としたなかで、ハッキングやサイバーテロに対処するセキュリティの確保とリスクの回避のために、高度な監視社会の発生を招いている。

　そもそも、宅配便事業者は、鉄道事業者のように自前で巨額の固定資本費を負担することを回避でき、よりフレキシブルな労働体制をもち、全国的ネットワークを確立して発展した。それは、オイルショック以降の産業構造の転換により、産業界からの輸送需要が減少したため、トラック業者が小口多頻度の商業貨物や民間贈答品の輸送に活路を見出したことによって誕生した。

　なお、1980 年代以降の臨調・行財政改革による規制緩和と民営化の動きが鉄道・郵便・電信・高速道路といった通信・交通インフラのナショナル・レベルでの一元的管理を解体した。それは、あまねく全国に均等なシステムを公正に維持するという方針から、グローバル化の拠点となりうるような大都市圏中心の効率的な市場原理に基づく新自由主義的な空間編成へとうつりかわったことを反映している。またその象徴が地方都市中心地の駅前商店街の衰退と、一方でのモバイル端末の普及によるネット通販と宅配便の発展であろう。

　従来からの地理学研究では、画定的に定まったものとして地理的空間の範囲（地域）を設定し、計量的に地域間貨物流動を分析し、機能的・全体的に統合された物流システムを想定していた（野尻 1997, 2005）。しかし、複雑化し、グローバル化する現在の物流システムは、情報システムと輸送システムを統合し、時間・空間の再編成をもたらしている。今や、企業だけではなく、素人の個人がネット通販に多数の出品を行っている。このように企業立地だけからでは説明できない物流が発生する。

　そこで、地理学の研究においても、貨物流動のネットワークに示される空間性だけではなく、情報端末が操作されるところの場所性がより重要となる。つまり荷物の輸送や運搬だけではなく、労働者・情報端末・車両・物流センターのなど異質でハイブリッドな要素か

らなる場所の関係性として、その身体性や物質性をも考慮しなければならない。それゆえ、このような背景をもとに、従来からの地理学で盛んであった中心商業地・商圏・交通輸送圏を主題にした、交通の結節点を中心とする結節地域、都市の機能が周辺におよぶ機能地域といった観点からの研究は徐々に衰退しつつある。

そこで、新たに宅配便・ネット通販によって生じる空間概念を最近の地理学はどのようにとらえてきたのか。そこでは、サイバー空間が身体性・物質性や現実の物理的空間を超越できるか否かということが問題とされている（Dodge 2001；Aoyama & Sheppard 2003）。すなわち情報技術が、既存の物理的なネットワークの効率性を高め、インフラストラクチャーを情報メディアに統合し、それらを異質な要素からなる集合体に発展させる。電子的世界はデジタル・ヴァーチャルな世界であり、一方、物理的世界は現実の世界である。分離していた両者が日常生活の世界において統合される。特にネット通販・電子商取引は、買い物と他の日常生活・勤務との同時性を可能にし、個人化したネットワークを拡大する。そのため、活動・時間・場所の分離と統合が行われ、多様な現実が示される（Crang et al. 2007；Schwanen et al. 2008）。

それゆえ、ネット通販や電子取引が場所や空間の個性を破壊し均質化するが、すべての場所がハブや世界都市に成長できるわけではない。結局は経営・中枢管理機能が特定の大都市圏に集中する一方、生産・流通機能は分散することになる（Zook 2002）。そこで、ネット通販・電子商取引を扱う地理学の研究においては、距離的関係よりも取引を受発信する場所性がより重要になる。それは、また伝統的な交通輸送機能を代替しうるものとはならない。むしろ取引の物質性がより重要となるので、空間的に不均等な発展は解消されない。そのため、サイバー空間は、地図上よりも複雑な空間性を示すことになる（Leignbach & Brunn 2001）。

以上をまとめると、情報技術の発達によって成立したサイバー空間について、地理学の観点からは、① 技術的効果として、情報に

よる物質性の代用や越境が可能となり、旧来からの地理空間の概念が消滅しうることを指摘できる。また、② 地理空間と電子空間が共存し共進化しうることと、③ そこで示されるヒトや情報端末などといった異質なものからなるハイブリッドな関係性に対して、アクター・ネットワーク理論や、人間−機械系としてのサイボーグの理論などを応用することができるとされる（Graham 1998）。

② モビリティーズ・パラダイムとは──物的移動と情報移動を統合する枠組み

　これまで見てきたように、ヴァーチャルな空間における商取引や電子情報伝達の即時性と、実際に所要時間と労働力を必要とする輸送のための空間移動との間の格差や矛盾が「物流クライシス」を招いてきた要因であった。そこで、物流ネットワークと情報ネットワークを共通して総合的に分析する枠組みとして、社会学者のアーリによって唱えられ、欧米の地理学者にも影響をあたえている「モビリティーズ理論」について言及することにしたい。それはポスト構造主義の影響を受けるとともに、従来からの社会学・地理学の静止的側面を批判し、より動態的・流動的な変化を重視する理論でもある。

　なお、アーリのモビリティーズ理論の背景にはポスト構造主義におけるジル・ドゥルーズとフェリックス・ガタリの「脱領土化」「再領土化」といった時空間概念を基礎としている。すなわち資本主義社会は、従来の社会的・生産的関係を維持してきた伝統的コードを破壊することによって、「脱領土化」してきた。このような資本主義の創造的破壊によって、旧来からの階級・同族集団・制度・慣習といった既存の固定されていた空間的秩序を崩壊させて、新たな社会的流動を生み出し、新しい分裂病的秩序の形成へと移行しようとする。このようにして、現代思想は唯物論的・地理的次元から精神分析的次元へと展開していくのである（Deleuze & Guattari 1972, 1980）。

すなわち、「時間・空間の圧縮」とともに、情報化・インターネットの普及によって、ヴァーチャルなコミュニティやトランス・ナショナルなコミュニティが発展してきた。つまり、物理的空間とサイバースペースをこえて存在するネットワークが結合した。モバイルな情報端末、すなわち移動可能な機械によって、電信情報がセグメント化・プライベート化し、人々の移動は車やスマホ（ナビ）といった物体をともない、機械–人間系のハイブリッドな存在となっている。

　同時に、メディアや情報、電子的コミュニケーションによって、データ・可視的イメージ・サウンド・テクストの移動性が高められている。このようにして、身体・資本・物質・貨幣・情報・イメージの新しいモビリティが、諸個人の時間性や空間性を細分化、流動化している（Schller & Urry 2003；Urry 2004）。

　このような多様で重層的な流動のなかで、固定的な領域・境界の概念が崩壊し、公的領域から私的領域へと、より活発でハイブリッドな結合が示されうる。すなわち、脱領域化し、分散し、流動する世界において、領土（領域）はもはや固定化した社会的プロセスの容器ではない。このようにして、固定的、画定的な地理空間の概念が否定され、静的な社会理論が批判される。流動化するポスト・モダニティの観点から、旅行や逃避はドゥルーズとガタリのノマド(時間・場所の定めない遊動性）の理論によって説明される。その結果として生じた地理的分散は、むしろ人々の格差・分離・社会的排除を反映する。このようにして流動化したエスニシティは脱領土化（逃走・移住）し、再領土化（移植・定着）する。しかし彼ら、彼女らは高度に不可動な世界都市のインフラストラクチャーに埋め込まれている。このようなハード・ソフトの急速な変化に対して、これらのプロセスから分離した構造などは存在しない。

　それらの不可動なインフラストラクチャーとして、ゲート・経路が重要となる。またそれらは、テロやハッカーといったリスクに対応し、電子新技術を応用したセキュリティのための監視社会を構築している（Scheller & Urry 2003, 2006）。

多様なモビリティとその格差は異なった移動手段に反映される。そしてモバイル電気通信端末の普及は、移動中（歩行中・車内・機内）における居住・労働・情報収集などの活動を可能にする。このような多様なモビリティによって、物的存在が分岐し、収斂（しゅうれん）しつつある。

　多様なモビリティのなかで「秩序づけられた無秩序（orderly 'disorder'）」が生じる。たとえば、携帯電話やファックスといった新しい個人的なメディアの普及は著しい。しかしそれらの利用にあたり、特定の個人や不特定多数に対する中枢的な社会統制や管理が困難であるため、虚偽・不確かな情報・中傷が拡散する。また同じ携帯端末やパソコンに公私の情報が混在する。このようにして、ヴァーチャルな空間上では、公的空間と私的空間の境界が崩壊するカオスの状況となっている（Scheller & Urry 2003）。

　また新しいモビリティの概念には、非物質化する結合として、イメージ・情報・権力・アイデア・リスクの流動をあげることができる。また新しいモビリティにまつわる機械として、自動車・テレビ・ウォークマン・iPad・携帯電話などをあげることができる。このようにして、ヴァーチャルとリアリティの結合によって、交通と通信が収斂する。このようにして、実際に職場に共存しなくても勤務できるテレワークが可能となる。しかし、ハッキングやサイバーテロのリスクと、麻薬・密輸・不法入国者の取り締まりのためにセキュリティが確保され、電子情報技術を活用した監視社会がいっそう強化される。このような近未来は暗黒郷（dystopia）となろう（Scheller & Urry 2006）。

　さらにグローバル化する新自由主義のもとで、富裕層が勝者の利益を一人占めするために海外の責任回避できる脱法かつ匿名性の非正規で表象されない空間に逃避することがオフショア化である。言い換えれば、自由貿易体制のもとでの国際分業とそれにともなう格差や搾取が生じ、租税回避地（タックスヘイブン）への富裕層の資産の移転が強められる。またオフショア化においては、グローバル

にエネルギーが調達され、その市場が巨額の投機の対象となり、かつ廃棄物の処理や再生、場合によっては不法投棄までもが海外で行われている。さらにレジャー活動も海外の会員制リゾート地に移転する。このようなオフショア化にともないテロリストやハッカーの侵入や麻薬・密輸・不法入国者の取り締まりのためのセキュリティが強化され、監視社会が構築される（Urry 2014）。

③ カーゴ・モビリティーズ──「表象されない忘れられた空間」と「秩序づけられた無秩序」

　さらに、グローバル生産ネットワークに加えて、消費文化と情報システムのグローバル化にともない、国際物流やロジスティクスが発展したことを、カーゴ・モビリティーズの枠組みでとらえることができる。

　カーゴ・モビリティーズは、空間と空間における社会的関係を反映し、距離的分離を克服し、通過することを表象している。同時に、カーゴ・モビリティーズの特色は「表象されない忘れられた空間（forgotten space）」とモバイル通信の発達によってカーゴに生じた「秩序づけられた無秩序（orderly "disorder"）」から構成される。それは、モバイル端末で移動しつつ情報を発信・享受できる消費者とGPSやバーコードによって瞬時にトレースされる貨物の物質性との間の矛盾である（Birtchnell & Urry 2015；Birtchnell et al. 2015；Urry 2014）。

　その「表象されない忘れられた空間」として、港湾、道路、衛星通信、インターネット、貨物につけるタグ、ラベリング技術、自動化された機械などがあげられる。またあわせて、サプライ・チェーンと地域的・グローバルなネットワーク、物流センターなどのインフラストラクチャーをもあげることができる。とりわけ物流センターはモビリティの空間性を伸展させる場所である。一般に公開されること無く、そこでは貨物の流動・仕分け・接続・検証が深夜に

わたって行われる。

　つまり「表象されない忘れられた空間」とは、カーゴ・モビリ
ティーズにおいて、貨物や商品・荷物の物質性の背後にある、一般
の人々には予見できないプロセスでもある。同時に、影の世界
(shadowy world) として、「秩序づけられた無秩序（混乱）(orderly
"disorder")」には、商品の輸入への麻薬・不法移民・難民・密輸入
の混入などがあげられる。それらは、カーゴの輸送手段にともなっ
た偶然の副産物あるいは、グローバル化にともなう無意識の副産物
としてとらえることもできる (Birtchnell & Urry 2015；Birtchnell et
al. 2015)。

　なお物流、ロジスティクスは金融とならんで現代資本主義の中核
であり、商品の回転率向上と生産・貯蔵コストの削減、リスクの回
避に重要な機能を果たしている。ロジスティクスは新自由主義政策
と結合し、規制緩和による外国市場の開放とともにグローバル化す
る金融・貿易を支えている。そして物流は新自由主義的な空間にお
いて、ジャスト・イン・タイムが実施され、サプライ・チェーンお
よびフローへのセキュリティのために監視が強化される。

　たとえば、工場の組立ラインとコンテナ港湾がサプライ・チェー
ン・マネージメントを通して統合された結果、販売時点管理による
在庫縮小が可能となって、労働者の勤務体制が変更されるとともに、
製造業と小売業が結合する。それらは、多数のヒト・モノからなる
自己形成的システムとなって、リアルタイムでモビリティ・システ
ムを構築する。また空間的な市場管理のメカニズムとガバナンスの
観点から、電子在庫管理が徹底され、メーカーや供給側から需要側
（大規模小売業・消費者）への情報把握や意思決定権限のパワー・シ
フトがおこる。

　とりわけ、国際宅配便ネットワークの基盤である海上コンテナ輸
送や航空貨物輸送の発展は、経済のグローバリゼーション、特にア
メリカの脱工業化によってもたらされた。生産プロセスのグローバ
ルな分散はグローバルな生産・流通チェーンの機能的統合をもたら

した。これは 1980 年代からの金融自由化と、1990 年代からの IT による技術革新によって、24 時間、国際的取引が可能となったことも影響している。かつ、輸送費削減によって企業の海外進出、生産機能の分散が可能となった。このようにして生じた変化するグローバル生産ネットワークは、変動する市場に対応したカーゴ・システムを必要とする。それは、生産の技術革新と陳腐化に急速なサイクルで対応し、商品を貯蔵するのではなく、とにかく動かすことを緊要としている（Bitchnell & Urry 2015）。

　しかし、テロや戦争の勃発が輸送ルートの選択に影響を与え、先述のようにさまざまなリスクに対して、物流労働者には IC タグ・監視カメラ・バイオ認証などの技術を駆使して監視が強められる。それは、物流労働の効率化・省力化・コスト削減とも連動し、労働強度の増大と緊張をまねいている。コンテナ船の輸送には、真荷送人・真荷受人・貨物運送代理店・貿易業者・港湾運送取扱業者・荷役業者・船主・海上運航業者・さまざまな国籍からなる船員といったアクタントから構成されている。多様な貨物のなかには食肉・魚介類・野菜・果実などの生鮮食料品、放射性物質、劇毒物の化学物質などの危険品、古紙や古着などの再生資源、なめし皮の原皮のように臭気を放つ汚わい品なども混載されている。それゆえ船員は品質保持と安全を保つために、強度なストレスのもとにある。また、密輸・密航者・盗難・紛失・誤配のリスクを防ぐためにコンテナや労働者は IC タグや ID カードと GPS によって厳重に監視・記録されている。コンテナ船の乗組員は通関・検疫・出入国の手間とコストを避けることと、寄港地での滞在時間が短いため、長期間下船しない者も多い。そのような閉鎖的な空間であることから、コンテナ船やコンテナ埠頭は「表象されない忘れられた空間」なのでもある。そこには暴力による支配やジェンダーの問題が潜在している（Cowen 2010, 2014 ; Kanngieser 2013）。

　カーゴ・モビリティーズにおける将来のシナリオとしては、次のようなことが予想される。その第一は巨大コンテナ船（Bigger

Boats）による規模の経済の追求であり、経済成長、エネルギー供給の増大と輸送量増加を前提としている。しかし、一方では第二に予想されるものとして、長距離輸送の代替手段になりうるように、より正規的に合法的な生産や雇用が可能な、より身近なところでの取引が行われるような立地地点への回帰 (onshoring) があげられる。さらに第三には「事物のインターネット化」として、たとえば３Ｄプリンターの発明と実現などがあげられる。そこではインターネット化（情報化）にともなう高度な技術として、ロボット工学・ナノテクノロジー・バイオテクノロジーが応用される。第四には Make Do and Mend (DIY) として、各個人・各家庭における製作と修理があげられる（Bitchnell & Urry 2015）。

　さらにグローバルな市場に組み込まれたメラネシアの住民にとって、コンテナからの大量のいろいろな商品貨物の出現は「カーゴ・カルト」として呪術化してとらえられる。これも先進国での生産と流通のプロセスが「表象されない忘れられた空間」となっているからである。またカーゴ・モビリティーズにおいては、カーゴの「魔術化」として、「象徴の経済」が主張される。グローバル生産ネットワークの興隆とともに、グローバルな文化産業との適合や一致が必要となる。ジャスト・イン・タイムで生産される多品種少量生産の多種類の商品が、消費者の需要動向や嗜好・流行にすばやく対応できるように、各種メディアとの協力・協調が不可欠になるからである（前掲書 2015）。消費者意識の動向にあわせて生産物は流通するのである。

　これらとは別にクレイグ・マーティンは、国際物流におけるカーゴ・モビリティーズをジル・ドゥルーズとフェリックス・ガタリ (Deleuze & Guattari 1980) の『千のプラトー』における平滑空間と条里空間との対比で説明している。

　条里空間とは、定住民の世界の普遍的ユークリッド空間であって、数的座標軸で示される一方で、質的固有性は排除される。線形的条里化では焦点が一つしかない遠近法に投影される。一方、平滑空間

とはノマドの世界である。定住的世界の辺境に存在するノマドの侵入は国家装置に対する戦争機械にたとえられる。平滑空間はベクトルのように方向性があり、トポロジカル（位相論的）である。つまり、相対的な速さ、近似で示される運動の偏りや方向を含み、異質なものが混在する質的多様性である。正確な中心や普遍化に抵抗するリゾーム状の構成＝集合体であり、ノマドが放浪し、自分の足で探検し、自分の居る場所を見出すところである。

　両者は相補的であって、条里空間から平滑空間への移行である帆船や遠洋航海の発達による自由航海の発展は「脱領土化」である。一方、平滑空間から条里空間への移行として、自由航行の外洋に海図が作成されることによって、航路・領海・公海が設定され、航行が規制されると「再領土化」されることになる（Martin 2013）。

④　生成されつつある空間の場所性

　これまでみてきたように、「物流クライシス」の問題は、宅配便やネット通販の受発注や取引情報の交換は即時化されているのに、その配送は多数の流通経路や労働力を介して、具体的空間で所要時間をかけ、実際の経路を通して行わなければならない点の相違から生じてきた。つまり、情報空間やサイバー空間と、物流が行われる現実の物理的空間との懸隔（けんかく）から派生してきた。すでに、ジャスト・イン・タイムの実施は、物流だけではなく、ひろく日常生活や就労においても普遍化しており、人々の時空間認識も大きく変容している。それらの時空間認識は、カーゴ・モビリティーズの枠組みにおいて表象されることなく、一般の人々の意識からは「表象されない忘れられた空間」と、また過剰な電子情報化などをもとに生じる「秩序づけられた無秩序」から説明することができた。

　グローバル化によって、遠く隔たった地域が結びつき、世界的規模の社会関係が強まっている。しかしグローバルな特性は、地域にフィードバックされ、個々の人々や事物の振る舞いに影響をあたえ

る。グローバル化のなかでの物流は、旧来の物流システムだけではなく、新たにアクター・ネットワーク理論を応用して、より有効に解明されうるのではないだろうか（Urry 2003）。

　アクター・ネットワーク理論においては、ヒトや事物や制度などハイブリッドで多様なアクタントがそれぞれの役割を果たすことで、リゾーム状のつながりがつくられている。そこではさまざまなアクタントが相互に発信・受容した事物や情報が移動するのである。それらは異なる領域、すなわち関係性をもった場所への移動であるが、それぞれの領域の境界はコップのへりのように閉じられているのではなく、細胞の浸透膜のように、どこからどこへでも通過が可能なものである。そのような領域相互のなかでの移動や流動が含意されている。経路依存した発展のプロセスによって、小さな偶然の出来事が正のフィードバックによって増幅され、ロックインの状態にもおちいる。グローバルなネットワークと流動体は、新たな「機械」とテクノロジーから構成されている。

　その新しいテクノロジーの例として、インターネットは、一応の表向きには権力によって有効に監視することも、管理することも、検閲することもできない水平的なコミュニケーションを可能にした。それは、しなやかで非階層的でリゾーム状のグローバルな構造である。その無限のネットワークは、ヒト・機械・プログラム・テクスト・イメージをともなう流動的な社会生活のメタファーでもある。そこには主体と客体が混じりあったハイブリッドな状況がある。

　このようなネットワーク化によって、空間的・時間的に違いや遅滞がない情報が異常に増加し、流布している。それらの短命で匿名的で流動的なデジタルな情報によって、流通や労働が変化してきた。そして、グローバルな遠隔通信による新たな人工的な生活様式は非線形的、非対称的、カオス的で無秩序に組み合わさっている。

　つまり、アクター・ネットワーク理論やポスト構造主義における関係性は、ヒト・事物・情報のネットワーク型・リゾーム型・循環型の広範な結びつきからなる。そこには、主体と構造の区別ではな

く、さまざまなヒト・事物・情報が錯綜し、マクロでもミクロでもない関係性がある（Urry 2003）。

国民国家単位の社会構造がグローバルな情報通信構造に転換することによって、グローバルなネット通販など、新たに巨大な文化資本が形成される。このようなコスモポリタン的で創発的でグローバルな流動は、ハッキングやサイバーテロなどを内包する、新たなリスク社会を生み出す。これらの不安定で予測不能なはげしい流動や変化は、相互に電子情報を駆使した新たな監視社会のもとで規制されている（Urry 2003）。

なお、ポスト構造主義やアクター・ネットワーク理論で用いられる構成＝集合体（assemblage）の概念は、諸部分の相互作用からそれらの総和以上に出現する特性である。それは、事象や事物の集合であるだけではなく、行動の状況でもある。

すなわち、構成＝集合体（assemblage）は有機体（organism）とは異なる。有機体の諸部分は、樹木状・分枝状であり、有機体全体における必然的な役割と機能を果たすことによって完全に決定されている。一方、集合体は、必然性ではなく偶然性と歴史性からなっている。集合体は「機械」の諸部分が集積し、混成して構成されたようなものである。そこで、有機体とは異なり、集合体の機能の一部はその集合体から取り出して、他の集合体のために使うこともできる（Dovey 2010）。

最後に筆者は、今後グローバルな物流のシステムやネットワークをアクター・ネットワーク理論で解明することが有効であると考える。たとえば、食品・農産物の品質について、とりわけ有機食品やイスラム教徒のためのハラール食品の場合、消費者が直接に海外の農耕や生産・加工の現場を確認できない。それらは高度な信頼関係からなる「遠隔作用」である。そこには、狭義のヒトだけからなるアクターとしてとらえるのではなく、さまざまなヒト（身体性）、モノ（物質性）、情報（品質の認証）、自然、技術といったハイブリッドなアクタントから構成されるネットワークである。しかし、中央

集権的に管理され、統制され、中心と周辺（末端）の構造からなる全体として機能する階層的システムを樹枝状のネットワークとよぶならば、それらは、自然発生的で創発的な複雑系である根茎的なリゾームの概念からより説明できよう（野尻 2016）。

　そこで、筆者はアクター・ネットワーク理論を、アクタント・リゾーム理論と呼びかえたほうがわかりやすいのではないかと考えている。つまり、物流システムを構築するさまざまな異質なアクタントは、「表象されない忘れられた空間」や「秩序づけられた無秩序」を特に意識せず、全体のグローバルなシステムを理解しているわけではない。むしろ、それぞれの持場を責任もって果たすことで、全体のリゾームを形成し、機能させ、重層的に集合体を維持しているからである。　　　　　　　　　　　　　　　　　　　　　　［野尻　亘］

＊本章は、野尻亘 2018「物流クライシスとカーゴ・モビリティ「忘れられた空間」と「秩序づけられた無秩序」」『現代思想』46(5)：120-135 をもとに一部削除および大幅に加筆修正したものである。

📖 参考引用文献
野尻亘 1997『日本の物流―産業構造転換と物流空間』古今書院.
野尻亘 2005『新版 日本の物流―流通近代化と空間構造』古今書院.
野尻亘 2016「日本におけるハラール食品の生産と供給へのアクター・ネットワーク理論応用の試み」『人文地理』68：421-441.
Aoyama, Y. & Sheppard, E. 2003 "The Dialectics of Geographic and Virtual Space." *Environment and Planning A*, 35：1151-1156.
Birtchnell, T. & Urry, J. 2015 "The Mobilities and Post-Mobilities of Cargo." *Consumption Markets & Culture*, 18：25-38.
Birtchnell, T., Savitzky, S. & Urry, J. 2015 *Cargo Mobilities: Moving Materials in a Global Age*, Routledge.
Cowen, D. 2010 "A Geography of Logistics : Market Authority and the Security of Supply Chains." *Annals of Association of American Geographers*, 100：600-620.
Cowen, D. 2014 *The Deadly Life of Logistics: Mapping Violence in Global Trade*, University of Minnesota Press.
Crang, M., Crosbie, T. & Graham, S. 2007 "Technology, Time-Space, and the Remediation of Neighborhood Life." *Environment and Planning A*, 39：2405-2422.
Deleuze, G. & Guattari, F. 1972 *L'Anti Oedipe: Capitlisme et Schizophrene*, Les Edi-

ton Minuit.（市倉宏祐訳 1986『アンチ・オイディプス』河出書房新社.）

Deleuze, G. & Guattari, F. 1980 *Mille Plateaux: capitalisme et schinophrene*, Les Editon de Munit.（宇野邦一ほか訳 1994『千のプラトー』河出書房新社.）

Dodge, M. 2001 "Cybergeography." *Environment and Planning B*, 28：1-2.

Dovey, K. 2010 *Becoming Places*, Routledge.

Graham, S. 1998 "The End of Geography or the Explosion of Place?：Conceptualizing Space, Place and Information Technology." *Progress in Human Geography*, 22：165-185.

Kanngieser, A. 2013 "Tracking and Tracing: Geographies of Logistical Governance and Laboring Bodies." *Environment and Planning D*, 31：594-610.

Lassere, F. 2004 "Logistics and the Internet：Transportation and Location Issues are Crucial in the Logistics Chain." *Journal of Transport Geography*, 12：73-84.

Leinbach, T. R. & Brunn, S. D. 2001 *Worlds of E-Commerce: Economic, Geographical and Social Dimensions*, John Wiley and Sons.

Martin, C. 2013 "Shipping Container Mobilities, Seamless Compatibility, and the Global Surface of Logistical Integration." *Environment and Planning A*, 45：1021-1036.

Schwanen, T., Dijst, M. & Kwan, M. 2008 "ICTs and the Decoupling of Everyday Activities, Space and the Time：Introduction." *Tijdschrift voor Economische en Sociale Geografie*, 99：519-527.

Sheller, M. & Urry, J. 2003 "Mobile Transformation of 'Public' and 'Private' Life." *Theory, Culture & Society*, 20：107-125.

Sheller, M. & Urry, J. 2006 "The New Mobilities Paradigm." *Environment and Planning A*, 38：207-226.

Urry, J. 2004 "Connections." *Environment and Planning D*, 22：27-37.

Urry, J. 2014 *Offshoring*, Polity.（須藤廣・濱野健監訳 2018『オフショア化する世界—人・モノ・カネが逃げ込む「闇の空間」とは何か？』明石書店.）

Urry, J. 2003 *Global Complexity*, Polity.（吉原直樹監訳, 伊藤嘉高・板倉有紀訳 2014『グローバルな複雑性』法政大学出版局.）

Zook, M. 2002 "Hubs Nodes and By-Passed Places：A Typology of E-Commerce Regions in the United States." *Tijdschrift voor Economische en Sociale Geografie*, 93：509-521.

ハビトゥスは単数か複数か
—— モビリティーズとの関連をめぐって

ハビトゥスとは

　フランスの社会学者ピエール・ブルデューの功績の一つにハビトゥスという概念の提示がある。ハビトゥスの意味を端的に述べれば、行為を方向づける心的構造である。行為者の性格や指向性、趣味（テイスト）やセンス、価値観、道徳・倫理観、上昇志向の有無、くせやしぐさの特徴なども含むその人となりを表す「性向（disposition）」を意味している。性向は倫理的性向や美的性向、言語的性向などに分けられるほか、ふるまい方やしぐさのような無意識で行う身体的性向としても表れてくる。ちょっとしたしぐさや行為のなかに、その人らしさが表れる（たとえば几帳面な人、ルーズな人といったように）ように、心と身体の両方で私たちを方向づける複数の性向のまとまり（一貫したシステム）をハビトゥスととらえている。個々人のなかにあるハビトゥスは明確には見えないものの、私たちの行為を方向づけ生成する潜在的な原理である（行為の生成原理としてのハビトゥス）。

　ブルデューによれば、ハビトゥスは客観的な社会的諸条件、たとえば家庭背景や学歴、職業、生育地域など、その人が社会構造のどの位置にいるかによって影響されて形成されるという。個人のハビトゥスは社会構造によって強く影響を受け、そしてその履歴のなかで学習され蓄積された性向や文化資本の総体がハビトゥスとして概念化されている。それゆえハビトゥスは諸個人で異なるだけでなく、

同じ集団や階級に共通したハビトゥスを形成する。

　ブルデューが注目したのは階級のハビトゥスである。ブルジョア階級や中間階級、庶民階級が、それぞれ特徴的な異なる価値観や行動パターンを示すことを理論と実証を通じて明らかにしたのが、『ディスタンクシオン』(1979) という名著である。階級によって異なるテイストや考え方、倫理感やライフスタイルに差異があるという問題は、他の分野（消費論やマーケティング等）でも研究されているが、ブルデューの分析はこの社会的世界が差異の空間であり、いわばテイストをめぐる象徴闘争があるという視点をもつ。ライフスタイルの違いは社会的諸条件によって異なるだけでなく、差異化と文化闘争の結果であるが、それは固定的ではなく流動的で、象徴闘争の行われている差異空間があるというのである。

　ハビトゥスは社会構造によって規定されるだけのものではない。ブルデューによれば、ハビトゥスは我々のなかにある生きたシステムであり成長も変容もする自律的で自己修正的な生成的構造である。すなわち常に一定のハビトゥスが同じ行為や実践を生み出すといった硬直的なものではなく、それぞれの場面にあうように行為を変えてみたり（投資感覚）、主体的に変更することもある。ゲームの戦略あるいはジャズ演奏における即興演奏のように、その場における適切な一手をどう打つかという判断をハビトゥスが瞬時に無意識的に判断すると考える。なぜならハビトゥスとは身体化し、血肉化した性向だからである。私たちが日常的に無意識的に行っている日々の意思決定の背後にハビトゥスが作動しているが、それはとても柔軟なシステムである。心、身体、倫理や言語、価値といった多様な側面からハビトゥスはとらえられるものの、そこに一定の構造としての一貫性を見出すのがブルデューのハビトゥス論である。そしてその公式は、以下のようになる。

　【ハビトゥス・資本】＋【場 (champs)】＝【実践】

　この公式の意味は、ハビトゥスはしかるべき場（もしくは界）において作動することで、なんらかの実践につながるということであ

る。場は、文学場や政治場、学校場、芸術場という大きな領域を指すこともあれば、サークルや家族といった身近な人間関係の場を指すこともある。友人同士の場ではユーモアや冗談は場を和ませ人間関係を円滑化するのに役立つが、それが試験面接といった場では不適切な態度とみなされてしまうかもしれない。私たちは適切な「場」で、もっともぴったりくるような行為(=実践)を選んで行っているのである。その判断(態度決定)を一瞬で行っているのが、ハビトゥスと考えてもよいだろう。

複数ハビトゥス

これに対し、フランスのベルナール・ライールは、ブルデューのハビトゥス論は一つのシステムとしての単一ハビトゥス、特に階級のハビトゥスを強調しすぎていると批判する。ライールは複数ハビトゥスあるいは多元的ハビトゥスを主張し、異なる文脈を経験した「諸個人のハビトゥス」が重要だと論じる。そして異なるハビトゥスが個人のなかに存在する事例研究を通して「個人化した社会学」や複数のハビトゥスをもつ「複数的人間」という視点を提唱した。

ライールによれば、「行為者は多元的に社会化され、多元的に決定されている」(Lahire 2012)。そして人々は異なるハビトゥスを文脈に応じてスイッチしながら実践しているという。そして文脈という概念をライールが使用する場合に、それは異なる社会化経験が異なる性向を形成していること、そしてハビトゥスは個人のなかで複数化していることを強調する。それは異質で矛盾したハビトゥスが一人の人間のなかに共存していることをも意味する。たとえば母国で高度な専門職であった人も、移民先の国ではタクシードライバーのように異なる職種につかざるをえないケースが多い。新しい移民先では過去のハビトゥスは出番がない場合もあるだろう。つまり移民として異なる国へ移動した場合、文化資本を発現できる文脈(たとえば仕事)がなければ、その資本は実践として使えないままに終わるとライールはいう。移民先の新しい国でも異なる経験をするこ

とから、諸個人は複数のハビトゥスをもっていると考える。つまりブルデューのいう階級のハビトゥスよりも、諸個人の複数ハビトゥスとそれを形成した【文脈】をみるべきだと論じる。

　ライールは人々の行為（＝実践）は、単一ハビトゥスではなく、その人が経験してきた複数の文脈にそって異なる複数ハビトゥスをもっている点を強調するのである。それゆえ文脈こそが重要であるとも述べ、次のようにブルデューの公式を再定式化した。

　　【身体化された過去の性向】＋【現在の文脈】
　　　　　　　　　　　　　　　　　＝【観察可能な実践】

　これを別の言葉で置き換えると、次のようになる。

　　【性向あるいは能力 (capacités)】＋【文脈】＝【実践】

　ライールによれば、ブルデューの場の理論は、「マクロ社会学の理論であり、場の行為者同士の特殊な資本の領有や（再）定義をめぐるさまざまな闘争に専心するもの」といい、ライールの立場はそれと異なり、よりミクロな視点から行為者の諸実践と諸表象を説明することのできる「文脈」に注目するのである。

　移民のようにモビリティ経験があった場合、複数ハビトゥスをもつことになると予想できるが、大きなモビリティを経験しないような場合でも、ブルデューのように社会構造による影響を重視するよりも、むしろ個々のおかれた文脈を見るべきとして、よりミクロな分析へと進んでいったのがライールである。たとえば、同じ家族のなかで育っても、長男・長女と末っ子では経験することも異なっているように、それぞれの文脈がその人の社会化経験を左右しているという部分が重要だというのである。

　モビリティーズとの関連で考えるならば、地域の移動経験や文化のグローバル化、さらには ICT 技術による高度情報化によって、我々は過去の時代の人々よりもはるかに複雑で多様な経験をできているともいえる。そのなかで近年、話題となっているのが、リチャード・ピーターソンが命名した「文化的オムニボア（文化的雑食）」という現象である（Peterson 1992；Peterson & Kern 1996）。これは「威

信の高いハイカルチャーから威信の低い大衆文化までの幅広い文化趣味をもつオープンな志向性」（片岡 2000）と定義でき、現代日本では文化的オムニボアがかなり多いことが明らかにされている（片岡 2019）。これは音楽でいうと、クラシック音楽とアイドル音楽をどちらも愛好するタイプにあたる。食でいうと、グルメとして高級料理を好むだけでなく、安くてもおいしいお店や貧困地域の大衆的なお店を探して食べ歩く「フーディー」と呼ばれる人々をさす。文化的オムニボアは一種の文化的に寛容な人々を意味しているが、それだけではなく、フーディーのように文化の真正性にこだわるという一面を示すことがある。文化的オムニボアが複数ハビトゥスの持ち主であるかどうかは、これからの検証をまつことになるが、筆者の考えとしてはブルデューのハビトゥス論の応用で解決できる問題ではないかと考えている。　　　　　　　　　　　　　　　　［片岡栄美］

📖 参考引用文献

Bourdieu, P. 1979 *La distinction: Critique sociale du judgement*, Éditions du Minuit.（石井洋二郎訳 1990『ディスタンクシオン―社会的判断力批判Ⅰ・Ⅱ』藤原書店.）

片岡栄美 2000「文化的寛容性と象徴的境界―現代の文化資本と階層再生産」今田高俊編『日本の階層システム5　社会階層のポストモダン』東京大学出版会，pp. 181-220.

片岡栄美 2019『趣味の社会学―文化・階層・ジェンダー』青弓社.

Lahire, B. 1998 *L'Hommme pluriel: Les ressorts de l'action,* Nathan.（鈴木智之訳 2013『複数的人間』法政大学出版局.）

Lahire, B. 2012 *Monde Pluriel: Penser l'unité des sciences socsiales*, Seuil.（村井重樹訳 2016『ソシオロジー選書3　複数の世界―社会諸科学の統一性に関する考察』青弓社.）

ジョンストン, J. & バウマン, S.／村井重樹ほか訳 2020『フーディー―グルメフードスケープにおける民主主義と卓越化』青弓社.

Perterson, R. A. 1992 "Understanding Audience Segmentation: From Elite and Mass to Omnivore and Univore." *Poetics*, 21：243-258.

Perterson, R. A. & Kern, R. M. 1996 "Changing Highbrow Taste: From Snob to Omnivore." *American Sociological Review*, 61：900-907.

ハンナ・アーレントとモビリティーズ

モビリティーズにおける公と私?

　アンソニー・エリオットとジョン・アーリは、『モバイル・ライブズ』において、この書の「議論が示すのは、公的領域と私的領域の再編のあり方についてである」(Elliott & Urry 2010:8＝2016:11)と強調している。しかしながら、彼らは、それほど公的・私的という言葉を明示的に用いて議論を展開しているわけではない。このコラムでは、公と私に対するアーリらの強調点を引き継ぎ、このトピックを展開してみたい。その際に、社会理論において、公と私の区別、さらにそれらと社会の区別のアイデアを与えてくれた一人である、ハンナ・アーレントの思想を導入する。

アーレントによる「公的」・「私的」・「社会的」の区別

　まずは、アーレントの「公的なもの」と「私的なもの」とはどのようなものか確認しておこう。彼女は両者の起源を古代ギリシア・ローマにさかのぼって、それらがどのようなものか論じている。

　彼女によれば、「公的領域と私的領域の違いは、見せるべきものと隠すべきものとの違いに等しい」(Arendt 1958:72＝1994:102)とある。それぞれの具体例をあげると、「公的なもの」は政治や名誉等、「私的なもの」は家族、家庭内での営み等に対応している。たとえば、政治家たちは選挙演説や国会での答弁によって自らの主張を公にし、また、偉業達成など名誉なことは公に一般の人々によって知られている。逆に、家族の関わりや、家計のやりくり、家事、

食事、睡眠等の家庭内での営みの多くは、基本的には家の中で隠される形でなされているだろう。

　アーレントは、これら「公的なもの」と「私的なもの」の意味について、おおむね次のような定義を与えている。前者は、「あらゆる人に見られ、聞かれ、可能な限り広く公示されること」(Arendt 1958：50＝1994：75) であり、そのことが人々によって共通の関心事となっていることを指している。対して後者は、人間が生命を維持することを示しており、また、そのために必然的に行われる営み、すなわち労働や経済に関することを指している。歴史的に見れば、食料やお金を獲得し、やりくりするという経済的な営みは家庭の中で行われきたのである。

　アーレントはこの「公的なもの」と「私的なもの」を型（モデル）として用い、近代において両者がいかに変化しているかを見ることで、近代社会の特徴をとらえようとしたのである。そして、その特徴としてなによりもまず、近代において公と私の区別が曖昧になったことを彼女は指摘している。彼女によれば、両者が曖昧になった原因は、近代になって「家族あるいは経済行動が公的領域に侵入して」(Arendt 1958：33＝1994：54) きたことにある。たしかに、家の中で営まれてきた労働は、企業と雇用契約を結ぶかたちで、多くの場合、家の外でなされる。そして、これら私的だった営みは、人々にとっての公の関心事となっており、経済政策や雇用対策等のかたちで、国会で頻繁に討論がなされているところである。

　このように公と私が曖昧になって成立した状況を、アーレントは社会あるいは「社会的なもの」と呼び、これを一つの巨大な家族のようなものとしてとらえている（河合 2020）。たとえば、景気や福祉制度は人々の経済行動が連鎖して成り立っており、また人々の家計に影響を与える。これらの点で、たしかに社会とは巨大な家族のようなものである。

　こうした社会のあり方は、私たちの生活に多くの福利をもたらしているが、アーレントは、公と私の区別を用いることで、むしろそ

の問題点を鋭くとらえている。その問題点とは、主だった公的な関心事が日々の労働になることで、人々には効率的で規則的な行動ばかりが過剰に求められるようになり、実際の行動や考え方が画一的になってしまうことである。そのことと引き換えに、かつて複数の意見や考え方が交わされていた公的領域が縮小している。場の空気を読むようにして、表立って自らの思っている意見を公に主張しづらいという経験は、だれにでもあるのではないだろうか。

　また、「社会的なもの」は私的領域にも介入してくる。たとえば、家が帰宅して寝るだけの場となったり、食事や休養がもっぱら仕事上のパフォーマンスを気にしてなされたりといった、労働中心の生活をあげることができるだろう。日々の生活が労働につぎ込まれればそれだけ、各企業の業績、景気、納税額等に動きが生じるだろうが、その動きが転じて、公的・私的領域へ介入してくるのである。労働の効率や生産性が上がれば、それだけさらに過剰な労働が求められるようになるという点は、アーレントの抉り出した「社会的なもの」の問題の大きな一つである。

公・私・社会の区別を使ってモビリティーズを考える

　では、以上のようなアーレントの公・私・社会の区別を、モビリティーズが進展する今日の社会に適用してみると、それはどのような状況として把握されるだろうか。まずは、アーリらが描いた、今日のモバイル・ライフのありようについて簡単に確認しておこう。

　モビリティーズの社会学はアーリの議論に詳しく、その論点は非常に多岐にわたっているのだが、なかでも重要なのは、モバイル・メディアの発達と使用によるモビリティーズの拡張であろう。モバイル・メディアを使うことで、移動しながら E-mail を作成・送信し、ボタン一押しで音声記録を同僚に転送し、離れている家族にテレビ電話ができるように、それは社会でのさまざまな場面に対し、適合的で柔軟な組み直しを可能にしてくれる。電車が遅れたため、予定の会合を移動中に再調整するといったことも、即自的に可能で

ある。

　さらに、アーリは「戦略的な旅行の計画」という例をもあげている（Elliott & Urry 2010：32＝2016：43）。それは、たとえば、旅行の途中での、交通の待ち時間、移動時間を使い、備え付けのWiFiとモバイル・メディアを通じて、移動中の労働をも計画に含めるというようなことである。つまり、アーリが述べるように、「旅行の時間が……、むしろ、職業上の、あるいは私的な活動の領域で、生産的に使われているということだ」（Elliott & Urry 2010：32＝2016：44）。以上のことを公・私・社会の区別によって論じ直すならば、労働という「社会的なもの」が私的領域に過度に介入しているとも見ることができる。

　こうした状況の極端な例として、モバイル・メディアを通じて、寝食以外を、より過度な場合には寝食までも削って労働につぎ込むといった、ブラック企業に見られるような事態は、実際にこの社会に生じている。たしかに、モバイル・メディアは作業を効率的にスピーディに処理することを可能にしてくれる点では、アーリが述べるように魅惑的である。しかし、同時に彼は、その暗く恐ろしい側面があることをも指摘している。作業効率とスピードが高まれば、そのペースに合わせて、その分だけより多くの労働をこなさねばならなくなるという点は、アーレントが「社会的なもの」の問題として明らかにしたことだったが、モビリティーズはこのことを促進しうるのだ。たとえば、コロナ禍において「社会的なもの」が、大学の授業のオンライン化のように、モバイル・メディアを駆使するよう人間の行為を規定した事例が見られた。これには感染対策の面もあるのだが、他方、食事や睡眠など私的な営みを削って労働に従事せねばならなくなった面もある。

　また、アーリは別の箇所で、「異なったデータベースが相互に結びつき合い、自己に関する多様な足跡がマシンの中の亡霊のように接続し合っている」ため、モバイル・ライフにおいて「単純に『プライベート』であることはますます少なくなっているのである」

(Elliott & Urry 2010：7＝2016：10）とも論じている。たしかに、近年、私的な購買データなど個人の行動の足跡が収集・分析されることによって、個人の職業的能力や信用力が割り出されることで自己が再構成され、就労や将来設計に影響を与えるといったことも技術的には可能だという議論もある（山本 2017）。このことは、「あちこちに散らばった情報の足跡として再構成された人間は、さまざまな『システム』から生じるものとなった」（Elliott & Urry 2010：20＝2016：27）とアーリが論じた状況を推し進めたものと見ることができる。この場合、人々は、データによって割り出された自己と、それに適し、改善しうる行動をとることが求められるか、あらかじめ足跡を分析されることを先取りした行動を画一的にとることになるだろう。このことは、いずれにしても「社会的なもの」による公的・私的領域への介入が極端に進んだ例ととらえられる。

　以上のように、アーレントの公・私・社会の区別から得られるモバイル・ライフの把握は少々手厳しい。技術の進歩に対し、半ば保守的に見えるほどだ。しかし、そう見るのではなく一つの警鐘としてとらえつつ、行為のなかで生じるのかを考えていくべきだろう。他方で、ユルゲン・ハーバーマスや、アーレントを師と仰ぐリチャード・セネット、さらにはジェンダーに関する多くの論客も、別のかたちで公と私について論じている。それらから見て、モバイル・ライフはどのように描かれるだろうか。公と私を尺度にモビリティーズから引き出される知見は、まだまだ多そうである。　　［河合恭平］

📖 参考引用文献

Arendt, H. 1958 *The Human Condition*, The University of Chicago Press.（志水速雄訳 1994『人間の条件』筑摩書房.）

Elliott, A. & Urry, J. 2010 *Mobile Lives*, Routledge.（遠藤英樹監訳 2016『モバイル・ライブズ—「移動」が社会を変える』ミネルヴァ書房.）

河合恭平 2020「社会的なもの／社会—その公共性との関係をめぐって」日本アーレント研究会編『アーレント読本』法政大学出版局.

山本龍彦 2017『おそろしいビッグデータ—超類型化 AI 社会のリスク』朝日新聞出版.

第Ⅱ部

理論から実践へ

第４章

時間のエッジにおける
グローバル・テレポイエーシス
—— メディアのモビリティーズで問題化される都市

① ノンリニアな時間とディアスポラ

　本章で筆者が問題とするのは、グローバル化／移民／ディアスポラ研究で最も広く共有された仮定の一つ、すなわちリニアな時間と集合的エージェンシーに関するものである（Nacify 1993；Sassen 1999；Parreñas 2001；Zukin 1989；Rojek & Urry 1997；Turner 2000；Bhabha 1994）。一般にこれらの研究は時間を、エージェンシーが故郷から離れたところで経験する滞在の長さとしてとらえる。筆者の考えでは、こうした測定可能な時間の定量化は、移民／長期滞在者／ディアスポラ／観光客を厳密に区分する上で前提とされている。

　量的な社会調査における表面的な理解とグローバル化の批判的分析の不正確な適用が見られる諸事例を概観すると、上述の研究分野では時間が特定の集団に属する者にとってはいかなるタイミング／場所でも一様に経験されるという基礎的な因果関係が重視されている。それとは対照的に、本章で筆者が検討するのは、エージェンシーがモバイル・ライフのリズムのなかで遭遇するさまざまな度合いの情動／強度／不在である。グローバル・モビリティーズのノンリニ

アな時間は突発的であり不明確であり時折矛盾するのである（Ahmed 1999；Jokinen & Veijola 1997；東 2017；伊藤 2017）。

　より正確にいうと、筆者が試みるのは、都市をひとつの「エッジ」が働く場としてとらえ、「エッジ」概念を「グローバル・テレポイエーシス」の探求の最前線へと持ち込むことで（小川［西秋］2017）、実験室における時間という疑似科学的概念に挑むことである。その過程において、筆者はこの議論の立証を、筆者が 30 年以上取り組んできた事例、すなわち日本人ディアスポラの人生と彼女らがともに生きてきたカレンダーに基づいて行う。

　「エッジ」概念に関しては、「狭間にある」空間を秩序／無秩序の双方の状態へと開くコンティンジェンシーであるとみる含意を筆者は 共 有 す る（Zerubavel 1985, 1997；Law & Mol 2002；Giddens & Hutton 2000；Urry 2002a；Ogawa Nishiaki 2002；小川［西秋］2017）。しかし筆者の重点は、インタビュー相手である日本人女性があちこちを転々とするなかで乗り越えようと努めてきた複数形の「エッジズ」にある。筆者が示したいのは、複数形の「エッジズ」が、あるカレンダーに従う場所では秩序化とルーティン化の核心に見出されるとともに、異なる時間編成を備えた別の場所では周縁に位置しうるということである。

　複雑系理論においてエッジとは、安定したシステムの維持とそのシステムを異なる状態へと向かわせる遷移のどちらにもつながる二極の傾向として扱われている（Urry 2002b）。別の論文で筆者は、日本人女性が行った言説実践と媒介されたコミュニケーションとにおいて観察可能な、グローバルな再帰性のさまざまな形式を検討した（Ogawa Nishiaki 2001；Deleuze 1997）。また筆者は、上記のグローバル化の過程の理解によって、「グローバル・テレポイエーシス」概念、すなわち人間／非人間と複数の時間－空間に属する遠くの他者とのもつれ合い（entanglements）の定式化が必要となることもすでに述べた（Ogawa Nishiaki 2017；Lash 2001）。

　ガヤトリ・スピヴァク（2000：352）は「テレイオポエジーズ」を

「過去の構造への想像的介入」と定式化している。スピヴァクはもはや現代世界をポストコロニアルなものとみなさず、過去と現在／歴史と主体の相互作用を強調する。この論文で筆者は、スピヴァクの「テレイオポエジーズ」を「テレポイエーシス（telepoiesis）」として再流用することで、媒介的で共在的なネゴシエーションの再帰的な本質をとらえる。

　「テレポイエーシス」概念によって最も問題となるのは、グローバル・モビリティーズと媒介されたコミュニケーション実践とによって浮き彫りとなる、想像的・創造的な世界制作である。このような概念を使うことで、集合的な生活形式における人間／非人間の時間-空間をほどいたり（unbundle）、再結合したりする想像力をある程度補足することができる（小川［西秋］2007；Ogawa Nishiaki 2008）。このアイデアは「時間-空間の距離化」という概念においてしばしば見過ごされてきた。なぜなら、アンソニー・ギデンズ（1991）は「時間-空間の距離化」を行為が起きるグローバルな領域の拡大と深化としてしか把握していないためである。加えて、本章で筆者はニクラス・ルーマン（1995）が社会理論へと導入した「オートポイエーシス」概念（autopoiesis）の拡張を試みる。筆者はシステム再生産とその過程における認知的側面の活用という問題意識をルーマンと共有しているが、本章で「テレポイエーシス」概念は時間-空間において人間／非人間の双方を含む遠くの他者とのネゴシエーションの可能性を発露させている。

　本章における分析の焦点は、媒介されたコミュニケーション実践において観察されるグローバル・モビリティーズの不安定な本質、そして都市における住民と観光客との相互行為にある（Byrne 1997；Beauregand & Body-Gendrot 1999；Scott 2001；Smith 2001；Urry 2000b）。まず、エッジ概念とカレンダー時間がアメリカ合衆国カリフォルニア州サンディエゴでの筆者のフィールドワークの経験からいかにして生じたのかの記述から議論を始める。現在、振り返ってみると、分析の焦点が日本人ディアスポラの言説からそれと

は異なる文脈のなかでの彼女らの行為へと変化したことは筆者にとって決定的な出来事であった (Elias 1978)。次に、都市部で観察される人間／動物／モノのエンタングルメント、すなわちもつれ合いを映し出す二つの形容詞「明るい」と「大きい」を検討する (Massey 1992；LeGates & Stout 2002)。最後に、時間-空間という構造的な制約に置かれた会話における複数のエッジとこれらのエッジに対するエージェンシーの反応は、グローバル・モビリティーズの協調的な行為においては不可欠なものであることを示したい (Bourdieu 1990)。

② 都市のエッジでは行為が問題化される——言葉から行いへ、そしてそのまた逆へ

ラディカルな歴史社会学者は革命を、壮観なものあるいは集合的行為の過程として描く (Skocpol 1979, 1984；Tilly 1978, 1993)。これと反対に筆者の論点は、秩序化／無秩序化のエッジは寄せては返すさざ波のように立ち現れては消えていくものだということである。我々は、小さな揺れが変化の波を形作るまで、辛抱強く注視しなければならない。

よって、筆者の議論は日本人ディアスポラの会話とやり取りの詳細を提示することから始まる。一見この相互行為は凡庸にみえるだろうが、それは違う。変化の海原へと飛び込み、満潮の時がくるのを待とう。ゆくゆくは、そのさざ波からグローバルな複雑性を備えた都市というアトラクタの原初形式たるエンタングルメントが露わになるだろう (Urry 2002a, 2003；Westwood & Williams 1997；Lynch 1979；Ogawa Nishiaki 2002；小川［西秋］2017)。

筆者がここで取り上げるのは、サンディエゴのラホヤ地区でリビング・ダイニング・ルームを借りて日本人女性たちと行った、フォーカス・グループのディスカッションである。このディスカッションはもともと、三都市の日本人ディアスポラを対象として、現

在も継続している筆者の博士論文の調査プロジェクトの一部として計画されたものだ。1980年代〜1990年代にかけて、筆者はロンドンで予備インタビューを行っていた[1]。インフォーマントと筆者は『*Tenko*』第3話のビデオ上映会に参加していた。『*Tenko*』とはBBCのテレビドラマであり、第二次世界大戦中に東南アジアに設営された日本軍収容所で過ごした女性捕虜の経験を描いたものである[2]。特定のシチュエーションに焦点をあてるイギリスの状況ドラマでは、ハリウッドのものと比べてアクションよりも心理的な相互作用の描写が多い。それゆえ、ロンドンとサンディエゴとの女性オーディエンスには違いがみられた。つまり後者は、イギリスの状況ドラマがもつ演出フォーマットにあまり慣れていないようであった。

　『*Tenko*』はアメリカでは公共放送サービス (PBS) で放送され、メディア研究や日本研究の学者の間で広く知られたものであったが[3]、

---

[1]　この調査は、イニシャルコンタクト／参与観察／スクリーニング／徹底したインタビュー／フォーカス・グループのディスカッション／インフォーマントの日常のスケジュールに関する背景情報のサーベイから成る。比較のためのフィールドワークは、120人の日本人女性を対象にロンドン（1988〜1989）とサンディエゴ（1990）で行われた。インフォーマントは、20代から50代までの三つの年齢層のバランスに配慮しながら、スノーボールサンプリングで選定された。フォローアップ調査と追加的な参与観察は1990年から2002年の間に行われた。これらの調査の詳細については小川（1994a）／Ogawa Nishiaki (2017)／小川［西秋］(2017) を参照せよ。筆者はエスノグラフィックなデータセットを手に入れるために20回以上に渡り香港へ赴いたが、これによって1年の内の異なるタイミングで変わるディアスポラの知識を調べることができた。

[2]　『*Tenko*』は戦争捕虜と東アジアの日本軍との邂逅を扱ったBBCのドラマである (Warner & Sandilands 1997)。『*Tenko*』はイギリスとアメリカの両国で1980年代前半から放送され、広く知られていた。『*Tenko*』は古典的な戦争ドラマ・コンテンツとして入手可能である。小説版については、Masters (1981)／Hardwick (1984)／Valery (1985) を参照せよ。

[3]　筆者はリチャード・コリンズ／ジョン・ダワー／クリスティン・グレッドヒル／パディー・スキャネルに感謝の意を記したい。コリンズらは研究題材の正当化や選定を手助けするだけでなく、筆者をイギリス映画協会や他のメディア機関に属するメディアの専門家へと引き合わせてくれた。またジョン・ダワーは、筆者に日米の相互イメージの歴史の手ほどきを行い、『*Tenko*』で描かれる歴史戦争ドラマのアメリカ版である『ソング・オブ・サバイバル』(1985) を教示してくれた。

筆者がインタビューした日本人女性のほとんどは『Tenko』に関する予備知識をもっていなかった。この背景には二つの理由がある。一つは、PBS は良質なテレビチャンネルだとみなされているものの ABC／CBS／NBC などの商業放送と比べて視聴者層は限定的であるためである。もう一つは、筆者が日本人女性ディアスポラに対して行ったライフストーリー調査に基づくと、彼女らが日本人ビジネスマンや日本の機関のテニュア研究者と結婚している場合、彼女らはアメリカで放映されるすべてのジャンルのメディア番組に精通するほど長くサンディエゴに滞在するわけではないからである（小川 1994a, 1994b）。

7〜10 人の日本人女性とフォーカス・グループのディスカッションを行うことは筆者にとって難しいことではなかった。より正確にいえば、会話が円滑に進むように筆者が質問を重ねる必要がなかったのである。筆者はただ参加者に似た筆者の古い友人の顔を思い起こすだけで、活発でスピード感のある会話のメモを取るよう努めていた。ディスカッションの雰囲気は服装と同様カジュアルであった。インフォーマントの半数以上は T シャツとジーンズを着ていた。服装のカジュアルさはある程度サンディエゴの気候よりも年齢層に関係があった。つまり、インフォーマントはたいてい学齢児童の子育てに手一杯であったのだ（小川 1994a）。

ディスカッションでは数名の出入りがあった。日本人女性はディスカッションが行われたインフォーマントの家の近くに住んでおり、彼女らのほとんどは顔見知りであった。筆者はこのセッションの場にいられたことを最も充実した経験の一つだと感じていたが、後にインフォーマントの会話が筆者のテープレコーダーに録音されていないことに気づいた。つまり、録音会話のトランスクリプトは利用できないということになる。筆者はディスカッションの場で書いたフィールドノートからセッションを再構成しなければならなかった。

皮肉なことに、筆者がその日書いたフィールドノートはリサーチ

プロジェクトのなかで最も満足のいくレベルのものであった。つまり、参加者は個性をもち、会話の内容は興味を引くもので、筆者はディスカッションの間彼女らの言語／非言語コミュニケーションの観察に夢中であった。このディスカッションの結果として残ったのはインフォーマントの会話と各々のインフォーマントやセッション全体に関する筆者の印象とに関する膨大な量の手書きのメモであった。本章でそのときの会話を再構成する上で、筆者は少々言葉遣いを修正しインフォーマントを特定する個人情報への言及を削除することで、彼女らのプライバシーを保護することとする。

　ディスカッションのなかで筆者の心に引っかかった形容詞が二つある。それは、場所の移動の感覚を起源とした「明るい」と「大きい」のことだ。前者はメディア・コンテンツに関する相容れない解釈との関連で、後者は異口同音に一致したメディア人工物のサイズとかたちについての感覚との関連で繰り返し言及されていた。しかし、上述の結論へと飛ぶ前にもう少し説明が必要であろう。

　ともかく、二つの形容詞に関する会話とその内容の最低限の記述に専念するとしよう。本章での筆者の関心の一つは、ディアスポラ・コミュニティが自らの人生のうちで遭遇する場所の移動の空間的形式ではなく（Gilroy 1995；Clifford 1997）、時間の結びつき／ほつれであるところの「エッジ」にこそある。国境をまたがる生活のなかでパラレルなカレンダーを架橋する試みが成功したり失敗したりする一連の動きが、ディアスポラの人生におけるミクロ・ヒストリーを織り交ぜるのである（Burawoy et al. 2000）。

　「明るい」の意味をめぐりリビング・ルームでの討論は 20 分以上に及んだ。その日の議論は最も複雑で、とらえがたい様相を呈していた。議論は *Tenko* のなかで戦争捕虜であったイギリス人／オランダ人／オーストラリア人／スコットランドとオランダ領東インド諸島現地人との混血の女性と彼女らを取り巻く日本軍男性兵たちの収容所生活に関する表象の意味から始まった。筆者の当初の予想は、我々を偶然にもひとまとまりのディアスポラ集団に変えてしまう、

ここカリフォルニア州サンディエゴという存在こそがディスカッションを枠づける決定的要素だというものであった（Ogawa 2002；van Dijk 1987；McNay 2000）。

　もともと、カリフォルニアは日本人移民がアメリカでたどり着く終着点のなかで最も古くからあるものの一つであった。また、カリフォルニアは第二次世界大戦中に日系のアメリカ市民が捕虜となった強制収容所があった場所としても知られている[4]。筆者の比較研究の主たる目的の一つは、世界と自己の知識が日本人ディアスポラの散住する場所によってどのように異なり、こうした知識がグローバル化で加速する媒介された経験によっていかにして想起され変更されるかを調査することである（小川 1996；Bodnar 1992；Towls, Kosuge, & Kibata 2000；Balkin 1999）。

　筆者の予想とは裏腹に、日本人インフォーマントの話題は方々へと広がりをみせた。第一に、インフォーマントは「極限状況」のなか捕虜集団にいるという反実仮想の状況での行動から、女性捕虜を「イギリス人的」というよりも「アメリカ人的」だとみなしがちであった（小川 1996；小川［西秋］2017）。第二に、インフォーマントは逆境に面したアメリカ人はもっと「明るく」なるかどうかを判断しようとしていた。それはまるでインフォーマントがフィクション／事実／観察／真実／これらすべてを組み合わせたものなどの複層的な領域のあいだを巡礼しているかのようであった（小川 1996）。明らかにこれらの知識は、サンディエゴの日本人住民が日常経験と世界のメディア・コンテンツへの接触とによってアクセスできる資源として機能した。

　「アメリカ人」は囚われの状態でより明るくふるまうのだろうか。ディスカッションは「もし」／「だったら」／「じゃないかしら」の条件節で占められた。議論の論拠はいたってシンプルなものだった。

---

[4]　筆者はリサーチデザインを洗練するにあたって、ニコラス・ガーンハム／ジョン・ダワー／油井大三郎から示唆を得ている。

たとえばあるインフォーマントは、「もしアメリカのドラマだったら、閉じ込められても黙っていないんじゃないかしら。もっとガタガタ言って騒ぐんじゃないかしら」と述べた。この文脈では「明るい」が「騒ぐこと」と同義して解釈されている。彼女の意見はディスカッションの場で満場一致の支持を得ていた。

とりわけこのように論じてみると、インフォーマントの発言は、大衆メディアのなかで描かれるステレオタイプ的なアメリカ人の表象が及ぼす根強い影響を示しているようでもあり、ナイーブなアイデアに見えるだろう。また筆者の観察記録では、インフォーマントの顔の表情と声のトーンは、以下にあげる二つのシンプルな事実に裏打ちされて自信に満ちたものとなっていた。つまり、インフォーマントが一時的にであれサンディエゴの住民であったこと、そしてインフォーマントがサンディエゴにある家屋、住居のなかという立場にたって話していたことである。さらに、インフォーマントは直接の経験としてアメリカ人を見知っていた。結局のところ、インフォーマントは特定の立ち位置、つまりフッティングで話していたのである（Goffman 1981；Clayman 1992）。

この意味で、サンディエゴという場所がそこで暮らす日本人ディアスポラの会話のなかで強い存在感を発揮しているという筆者の仮説は半分正しかったことになる。しかし、インフォーマントの言説戦略はアイデンティフィケーションの資源としてのサンディエゴをより広い領域／人口区分に、つまりアメリカというスティグマに結びつけることにあった。すなわち、インフォーマントはサンディエゴがその一部となっているカリフォルニア州をそこまで気にしてはいなかったのだ。

いかなる主語の位置づけ、つまり直示（deixis）をインフォーマントが選択し、彼女らの帰属の感覚が上述の第三者の視点からなされた一見客観的な言説へと関係していたかどうかは曖昧なままであった。これらの疑問は調査のプラグマティクス、すなわち語用論的（pragmatic）な側面に関わっており、アーヴィング・ゴフマンに

よるフッティング概念と関連づけて別の機会に議論する（Ogawa Nishiaki 2019）。これらに代わり次のセクションでは、フォーカス・グループのディスカッションがもつ複数のエッジとともに立ち現れた言説と行為の意味論的（semantic）分析に取り組もう。

③ ディアスポラ／観光客／アトラクション／人工物としてのメディアのカレンダー──サンディエゴにおける人間／動物／モノのもつれ合い

　このセクションでは筆者は、ひき続き「明るい」に加えて「大きい」といった表現に関するディスカッションに注目する。筆者の目的は、これらの言葉の使用法がもつインプリケーションから、インフォーマントがフォーカス・グループにおいて経験する、人間／非人間との時間経験の理解を容易にすることである。

　会話の第二段階では、「アメリカ人」と「明るい」という二つの単語には一般化された、そして特有の含意が込められていた。それゆえ筆者は、会話で順番交代が起きるたびに、言語運用における個々の単語の意味の細部に敏感にならざるをえなかった。フォーカス・グループのディスカッションが進むにつれて、会話のテンポは加速した。インフォーマント間の相互作用が複雑になるにつれて、「明るい」のインプリケーションは段々と曖昧で文脈依存的になっていた。インフォーマントは判断を下すことに興奮して夢中になっていった。それはラホヤに住む近隣住民との日常会話では普段現れることのないものだったのだろう。

　論争の火花が散る瞬間が来たのは、あるインフォーマントが「アメリカ人」は「明るい」と述べて別のインフォーマントがその意見に強く反発した時だった。双方のインフォーマントが意見交換をした後、前者はアメリカ人は1か所に集まると明るくなると結論づけた。この判断は「だってシーワールドなんかで騒いでいるのを見ると、アメリカ人って明るいじゃない」という根拠に基づくものであっ

た。この文脈における「明るい」とは、「にぎやか、うるさい」とほぼ同義語として使用されている。彼女の声は確信に満ちたものであり、まるでディスカッションの最終決定権をもつ者のトーンであるかのようだった。

　この場面で見られたアイデアの衝突から部屋の雰囲気が数分間凍り付いてしまったのは明白だった。しかし筆者からみれば、インフォーマントは食い違った議論をしていた（Boudana & Segev 2017）。とどのつまり、双方のインフォーマントは同じ形容詞を使っていたが、その意味内容は異なるものであった。とりわけ前者は、サンディエゴ・シーワールドのシャチとイルカショーで見かけた、アメリカ人のイメージを躊躇いなく一般化していた。

　事実サンディエゴ・シーワールドは、自然を見世物にしてあざとく商売をしており（Davis 1997；Macnaghten & Urry 1998；Urry & Larsen 2011）、地元ではもっぱらの観光アトラクションだという評判であった。また、サンディエゴ・シーワールドは観光アトラクションに伴う集合的な身体活動を帰属感へとちゃっかり作り変えている。ショーとその前にあるチアタイムは、アメリカのショービジネスとスポーツ精神で覆い尽くされた自然環境を見世物にするエンターテインメントのなかでも必見のものであった。筆者自身、5メートルもの海洋動物が屋内水槽の上を跳びはねる姿に感動したこともあった。実際、筆者は、スタッフがショーの前に前説を行い、それに合わせて何回も他の観客と人間ウェーブを作っている間、まるで自分がアメリカ国民であるかのように感じたのである。

　前者のインフォーマントが達した結論はややもすると乱暴で一方的なものであるかもしれないが、ディスカッション自体は言説から行為、あるいは両者の複雑な関係へと筆者の関心が移るターニングポイントとなった（Drew & Heritage 1992）。より正確にいうと、筆者はなぜ二人のインフォーマントが上述のように言い争い続けたのかに疑問をもったことで、両者のカレンダー時間や経験さえも同じではないのではないかという印象を徐々に深めていった。事実、二

人の女性はサンディエゴの夏を異なる仕方／場所で経験していたのである（Jansen 2001）。

　ゆえに、二人のインフォーマントが自身の主張は否定しようもない真実であるとディスカッションのなかで語ったとき、不可視であったはずの行為が会話での重なり合いにおいて可視化したのだ。日本から頻繁にゲストを招き入れていたあるインフォーマントは、大体の場合ゲストを地元で一大観光アトラクションとして評判だったサンディエゴ・シーワールドへと連れて行った。他のインフォーマントに関していえば、家族で夏中を日本にいる親戚の家で過ごし、サンディエゴで経験できたであろうイベントのほとんどを経験していない。この都市にはマルチ領域的な特性が埋め込まれている。それらの要素は、港／海／砂漠／国境／アメリカ海軍基地／植民地としての過去／環太平洋地域／カリフォルニア州／アメリカ西部などさまざまである（Ogawa Nishiaki 2017；Pryde 1984）。ゆえに、前者のインフォーマントがサンディエゴのもつ前述の特性によりこの都市固有の時間を楽しんだ一方で、他方後者のインフォーマントは日本のカレンダーにより順応していたのである。

　さて、「大きい」に関してごく簡単にであるが触れることで、言説と行為のつながりがもつ別の側面を考察しよう。この言葉はサンディエゴの日本人住民が心の内で思うアメリカとアメリカ人の大衆的なイメージに結びついてもいた。しかし、この事例において「大きい」は、インフォーマントが砂漠が続くメキシコとの国境地帯たるサンディエゴで生活していくなかで経験した、「身体と空間の感覚」と本来的にエンタングル、すなわち、もつれ合っていた（Urry 2000：437；Connerton 1989；Shields & Heinecken 2002；Sommer 1969；Asquith & Kalland 1997；Kahn 2001）。

　インフォーマントの一人は、サンディエゴで暮らし始めてからなぜアメリカのテープレコーダーや他のメディア機器がかくも大きいのかを徐々に理解していったと、ふと口にした。このインフォーマントは、「アメリカってこんなに大きいんだから、なんだかなんで

も作るものも大きいし、日本みたいにわざわざ小さくする必要もないのよね」と述べたのであった。

　注意深い読者はお気づきであろうが、SONY のウォークマンが1970 年代後半に初めて輸出された際に（du Gay et al. 1997）、類似したナラティブが指摘された。第一に筆者が注目したいのは、彼女の発言の内容ではなく、残りのインフォーマントが満場一致で彼女に同意した度合いである。インフォーマントの反応のほとんどが共感に満ちたものであった。筆者にとって驚きだったのは、アメリカ人が「明るい」かどうかで激しく対立していたインフォーマントさえもその議論に首肯していたことである。

　筆者が注目したい第二の点は会話と行為を再び結びつけることでより示唆に富んだものとなる。筆者の仮説は、「大きい」という形容詞の捉え方と使用法が同じインフォーマントはサンディエゴでの空間移動やモノの取り扱いに関して同じ経験をしているのだろうというものである。これが正しいとして、なぜディスカッションに参加した日本人女性ディアスポラの間で「明るい」と「大きい」の解釈はかくも分かれたのか、言い換えればなぜ前者に関しては対立する一方で他方後者に関しては一致したのだろうか。

　後から推測すると、ウォーキング／自動車運転／会話／食事／睡眠から成る日常生活における彼女らの身体感覚とリズムはお互いあまり食い違わなかったのだろう。筆者が調査した彼女たちの日常のスケジュールと日常生活の活動の背景データ（小川 1994a, 1994b）から判断するに、本章で取り上げてきたフォーカス・グループではメディアのコンテンツとモノに関連づいた毎日の空間化と時間化に関して同じパターンが共有されていたのである。

④　時間に埋め込まれた言説／行為／メディア／モノ／集合的生命

　本章で筆者が論敵としたのはリニアな時間の概念である。この概

念は、日本人ディアスポラが他の集団とどのように異なり、彼女ら
がなぜ一定の生活様式を営んでいるのかを説明する因果的な前提と
して、しばしば用いられてきた。筆者が第一に議論の重点としたの
は、いかにしてディアスポラが遭遇するグローバル・テレポイエー
シスが異なる都市部のカレンダー時間ともつれ合っていったのかで
ある。第二に筆者が示したのは、グローバル化の過程がメディア・
コンテンツ／観光客／アトラクション／人工物としてのメディアを
通じていかにして経験されるか、そして行為が会話とカレンダー時
間、つまりエージェンシーの主観的な記述とサンディエゴにおける
周りの人間／動物／モノの制約との関連でいかにして再検討される
べきかであった（小川・太田編 2016）。

　ディアスポラ・コミュニティによる日々の生活における共通性と
共通性の感覚は、現実にはカレンダー時間の食い違いを看過させが
ちである。一日に行われたディアスポラの活動に関して大きな違い
はないだろうが（小川 1994b）、12 か月の滞在で各々の家族と各個
人が経験したことには著しいコントラストが見られるだろう。

　筆者の主張は、ディアスポラはローカルなカレンダーを個人ベー
スで経験し、その都市に精通したエージェントと準ローカルな都市
住民になる重要な機会を逃してしまっているのだろうというもの
だ。もし年単位に及ぶディアスポラの生活の空間化と時間化に我々
の思いが到るなら、これがディアスポラの経験する多くのエッジを
備えた「狭間」の空間への扉を新たに開くだろう。同じくエッジは、
ディアスポラの経験だけでなく「明るい」と「大きい」という形容
詞の解釈をも多様化するのである。

　最後に、グローバル・テレポイエーシス概念はメディアの言説と
時間-空間に埋め込まれた行為を再び結びつけるだけでなく、ディ
アスポラ／観光客／動物／人工物としてのメディアにおけるもつれ
合いのデザインを解明することを可能にする。さらに、この議論は
一時的にサンディエゴに住んだ後に日本へ帰国し、世界の他の地域
にある特定のスポットを訪れたのち、またサンディエゴに戻る日本

人ディアスポラたちのカレンダー時間の間にある裂け目と縫い目を浮き彫りにする。ゆえに、カレンダーのグローバルな結びつき／ほつれにおいて、ある都市における秩序のエッジが別の場所ではカオスとみなされることが問題となる。最終的に、グローバル・テレポイエーシスはディアスポラの時間と緊密に結びついた都市のモビリティーズの分析に新たな光を当てるのである。

［小川(西秋)葉子、翻訳：金信行］

＊本章は（Ogawa Nishiaki 2018）を大幅に加筆、修正、翻訳したものである。

【フィルモグラフィー】

Song of Survival（TV Documentary）1985 Country : Netherland & U. S., Network : PBS, Production Company : Veriation Films, Producer : Stephen Longstreth, David Espar, Robert Moore, & Helen Colijn, Director : Stephen Longstreth, Script Writer : David Espar & Stephen Longstreth.

Tenko（*Roll Call*）(TV Drama Series) 1981-1984 Country : U.K. & Australia, Network : BBC1, Production Company : BBC & Australian Broadcasting Corporation (ABC), Creator : Lavinia Warner, Director : Jeremy Summers et al., Script Writer : Lavinia Warner et al., Cast : Ann Bell et al.

Tenko Reunion（TV Movie）1985 Country : U.K. & Australia, Network : BBC1, Production Company : BBC & Australian Broadcasting Corporation (ABC), Creator : Lavinia Warner, Director : Michael Owen Morris, Script Writer : Jill Hyem, Ann Valery, Lavinia Warner, & Devora Pope, Cast : Ann Bell et al.

📖 参考引用文献

Abbott, A. B. 2001 *Time Matters*, The University of Chicago Press.

Adam, B. 1990 *Time and Social Theory*, Polity.（伊藤誓・磯山甚一訳 1997『時間と社会理論』法政大学出版局.）

Ahmed, S. 1999 *Strange Encounters*, Routledge.

Asquith, P. J. & Kalland, A. eds. 1997 *Japanese Images of Nature*: *Cultural Perspectives*, Curzon Press.

東浩紀 2017『ゲンロン 0―観光客の哲学』ゲンロン.

Bhabha, H. K. 1994 *The Location of Culture, Routledge*.

Balkin, J. M. 1999 "How Mass Media simulate Political Transparency." *Cultural Values*, 3(4)：393-413.

Beauregard, R. A., Body-Gendrot, S. & Beauregard, L. eds. 1999 *The Urban Moment: Cosmopolitan Essays on the Late 20th Century City*, Sage.

Boudana, S. & Segev, E. 2017 "Theorizing Provocation Narratives as Communication Strategies." *Communication Theory*, 27(4)：329-346.

Bodnar, J. E. 1992 *Remaking America*, Princeton University Press.

Bourdieu, P. 1990 *The Logic of Practice*, Polity.

Boyarin, J. ed. 1993 *Remapping Memory*, University of Minnesota Press.

Burawoy, M. et al. 2000 *Global Ethnography: Forces, Connections, and Imaginations in A Postmodern World*, University of California Press.

Byrne, D. 1997 "Chaotic Places or Complex Places?" In Westwood S. & Williams, J. eds. *Imagining Cities*, Routledge, pp. 49-68.

Clayman, S. E. 1992 "Footing in the Achievement of Neutrality : The Case of News Interview Discourse." In Drew, P. & Heritage, J. eds., *Talk at Work*, Cambridge University Press, pp. 163-198.

Clifford, J. 1997 *Routes*, Harvard University Press.

Connerton, P. 1989 *How Societies Remember*, Cambridge University Press.

Davis, S. G. 1997 *Spectacular Nature*, University of California Press.

Deleuze, G. 1997 *Difference and Repetition*, Athlobe（Original edition published in 1994）.（財津理訳 2007『差異と反復（上・下）』河出書房新社.）

Drew, P. & Heritage, J. 1992 *Talk at Work*, Routledge.

Du Gay, P. et al. eds. 1997 *Doing Cultural Studies*, Sage.

Elias, N. 1978 *The Civilizing Process: The History of Manners*, Blackwell（Original edition published in 1939）.（赤井慧爾ほか訳 2010『文明化の過程（上・下）』法政大学出版局.）

Fabian, J. 2002 *Time and the Other*, Columbia University Press.

Giddens, A. 1991 *Modernity and Self-Identity,* Polity.（秋吉美都・安藤太郎・筒井淳也訳 2005『モダニティと自己アイデンティティ―後期近代における自己と社会』ハーベスト社.）

Gilroy, P. 1995 *The Black Atlantic: Modernity and Double-Consciousness,* Verso.

Goffman, E. 1981 *Forms of Talk*, University of Pennsylvania Press.

Goldthorpe, J. H. 2000 *On Sociology*, Oxford University Press.

Giddens, A. & Hutton, W. 2000 *On the Edge*, Jonathan Cape.

Hardwick, M. 1984 *Last Tenko: Based on the Television Series Created by Lavinia Warner and Written by Jill Hyem and Ann Valery*, BBC.

伊藤守 2017『情動の社会学―ポストメディア時代における「ミクロ知覚」の探求』青土社.

Jansen, H. 2001 *The Construction of An Urban Past: Narrative and System in Urban History*, Bloomsbury Academic.

Jokinen, E. & Veijola, S. 1997 "The Disoriented Tourist." In Rojek, C. & Urry, J. eds., *Touring Cultures*, Routledge.

Kahn, P. H. 2001 *The Human Relationship with Natures*, MIT Press.

Lash, S. 2001 "Technological Form of Life." *Theory, Culture & Society*, 18(1)：105-120.

Law, J. & Mol, A. eds. 2002 *Complexities*, Duke University Press.

Legates, R. T. & Stout, F. eds. 2002 *The City Reader, 2nd Edition*, Routledge.

Luhmann, N. 1995 *Social Systems*, Stanford University Press.（佐藤勉監訳 1993-1995『社会システム理論（上・下）』恒星社厚生閣.）

Lynch, K. 1979 *What Time is This Place*, MIT Press.（東京大学大谷幸夫研究室訳

2010 『時間の中の都市』鹿島出版社.）

Machaghten, P. & Urry, J. 1998 *Contested Natures*, Sage.

Massey, D. 1992 "Politics and Space/Time." *New Left Review*, 196：65-84.

Masters, A. 1981 *Tenko: Based on the BBC-TV Series Created by Lavinia Warner and Scripted by Paul Wheeler, Jill Hyem and Anne Valery*, BBC.

McNay, L. 2000 *Gender and Agency*, Polity.

Nacify, H. 1993 *The Making of Exile Cultures*, University of Minnesota Press.

日本社会学会 社会学理論応用事典刊行委員会編 2017『社会学理論応用事典』丸善出版.

小川葉子 1994a「グローバルなコミュニケーション環境における英米在住日本人主婦の日常生活と日常的知識—マスメディアによる認知と異文化間コミュニケーションの比較民族誌的研究」『明治学院大学社会学部附属研究所年報』24：45-56.

小川葉子 1994b「日常生活としてのグローバル・コミュニケーション——時間—空間の再編成のなかのエスニック・アイデンティティ」『マス・コミュニケーション研究』44：3-15.

小川葉子 1996「グローバライゼーションと戦争のディスクール—海外在住日本人女性の言説における時間-空間の再編成」『一橋論叢』115(26)：81-99.

Ogawa, Y. 1997 "My Times is My Life：Globalization, Time-Space, and Japanese Female Diaspora." *Meji Gakuin Daigaku Shakaigakubu Fuzoku Kenkyuujo Nempoo* (Bulletin of Institute of Sociology and Social Welfare, Meiji Gakuin University), 27：31-40.

Ogawa Nishiaki, Y. 2001 "Global Communication as Telepoiesis：Recursivity and Negotiation of/in Talking Time-Spaces in Global-Local Relations." Oxford Kobe Seminars, The International Symposium on Immigration Policy in Japan, EU and North America, Seminar Program and Pre-Print of Papers. St. Catherine's College, The University of Oxford, Kobe Institute, Japan：142-144.

Ogawa Nishiaki, Y. 2002 "Hanging on the Edges of Times：Globalization and its Turbulent Relations with Action and Calendar Times in Three Cities." Paper Presented at the Research Committee 21：Urban and Regional Development, Session 4：Narrating Globalization, The XVth World Congress of Sociology, The International Sociological Association, Brisbane, Australia, July 9,2002.

小川（西秋）葉子 2007「グローバライゼーションをめぐる二重らせんの時間—ハイパー・リフレクシヴィティと集合的生命の解明に向けての批判的考察」『社会学評論』57(4)：763-783.

小川（西秋）葉子 2017「モビリティ」日本社会学会 社会学理論応用事典刊行委員会編『社会学理論応用事典』丸善出版, pp. 542-543.

Ogawa Nishiaki, Y. 2008 "The Location of (Doubly-Mediated) Sustainable Cities：Of Human and Non-Human Bondages That Stretch Apart：Towards a Hyper-Reflexive Theory of Urban Visions and Creative Designs." Paper Presented at The International Sociological Association Tokyo Conference 2008—Landscapes of Global Urbanism, The Research Committee 21：Urban and Regional Development, The International House, Tokyo, Japan, December 18,

2008.

Ogawa Nishiaki, Y. 2017 "The Use and Abuse of Global Telepoiesis : Of Human and Non-Human Bondages Entangled in Media Mobilities." *Keio Communication Review*, 39 : 21-35.

Ogawa Nishiaki, Y. 2018 "Global Telepoiesis on the Edges of Times : Cities That Matter in Media Mobilities." *Keio Communication Review*, 40 : 45-59.

Ogawa Nishiaki, Y. 2019 "Global Telepoiesis at Work : A Multi-Sited Ethnography of Media Mobilities." *Keio Communication Review*, 41 : 15-36.

小川（西秋）葉子・川崎賢一・佐野麻由子編 2010『〈グローバル化〉の社会学―循環するメディアと生命』恒星社厚生閣.

小川（西秋）葉子・太田邦史編 2016『生命デザイン学入門』岩波書店.

Parreñas, R. S. 2001 *Servants of Globalization*, Stanford University Press.

Pryde, P. R. ed. 1984 *San Diego*, Kendall/Hunt.

Rojek, C. & Urry, J. ed. 1997 *Touring Cultures*, Routledge.

Sassen, S. ed. 1999 *Guests and Aliens*, New Press.

Scocpol, T. 1979 *States and Social Revolutions*, Cambridge University Press.

Scocpol, T. ed. 1984 *Vision and Method in Historical Sociology*, Cambridge University Press.（小田中直樹訳 1995『歴史社会学の構想と戦略』木鐸社.）

Scott, A. J. ed. 2001 *Global City-Regions*, Oxford University Press.

Shields, V. R. & Heinecken, D. 2002 *Measuring Up*, University of Pennsylvania Press.

Smith, M. P. 2001 *Transnational Urbanism*, Blackwell.

Sommer, R. 1969 *Personal Space*, Prentice-Hall.

Spivak, G. C. 2000 "Thinking Cultural Questions in 'Pure' Literary Terms." In Gilroy, P., Grossberg, L. & McRobbie, A. eds., *Without Guarantees: In Honour of Stuart Hall*, Verso, pp.335-357.

Tilly, C. 1978 *From Mobilization to Revolution*, Addison-Wesley.（堀江湛監訳 1984『政治変動論』芦書房.）

Tilly, C. 1993 "Afterword : Political Memories in Space and Time." In Boyarin, J. ed., *Remapping Memory: The Politics of Time Space*, University of Minnesota Press.

Towls, P., Kosuge, M. & Kibata, Y. eds. 2000 *Japanese Prisoners of War*, Hambledon and London.

Turner, B. S. ed. 2000 *The Blackwell Companion to Social Theory*, Blackwell.

Urry, J. 2000a *Sociology beyond Society*, Routledge.（吉原直樹監訳 2015『社会を超える社会学―移動・環境・シチズンシップ』法政大学出版局.）

Urry, J. 2000b "Sociology of Time and Space." In Turner, B. S. ed., *The New Blackwell Companion to Social Theory*, Blackwell, pp.416-443.

Urry, J. 2002a "Global Complexities." Paper Presented at the Joint Session of the Research Committee 16&18 : Theorizing Society beyond the Nation-State, The XVth World Congress of Sociology, The International Sociological Association, Brisbane, Australia, July 11, 2002.

Urry, J. 2003 *Global Complexity*, Polity.（吉原直樹監訳 2014『グローバルな複雑性』法政大学出版局.）

Urry, J. & Larsen, J. 2011 *The Tourist Gaze 3.0*, Sage.（加治宏邦訳 2014『観光の
　　まなざし（増補改訂版）』法政大学出版局.）

Valery, A. 1985 *Tenko Reunion*, Coronet Books.

van Dijk, T. 1987 *Communicating Racism*, Sage.

Warner, L. & Sandilands, J. 1997 *Women Beyond the Wire*, Arrow Books.

Westwood, S. & Williams, J. eds. 1997 *Imaging Cities*, Routledge.

Zerubavel, E. 1985 *Hidden Rhythms*, University of California Press（Original
　　edition published in 1981）.

Zerubavel, E. 1997 *Social Mindscapes*, Harvard University Press.

Zukin, S. 1989 *Loft Living, 2nd Edition*, Rutgers University Press（Original edition
　　published in 1982）.

第5章

パフォーマンスとしての〈まなざし〉、実践のなかの〈まなざし〉

① パフォーマンスとしての〈まなざし〉

　ジョン・アーリはヨーナス・ラーセンと共に著した『観光のまなざし』改訂版（3.0）第8章で、〈観光のまなざし〉論に寄せられたさまざまな批判やコメントに応えつつ理論を深化させるために、ゴフマンの相互行為論からパフォーマンス（performance）概念の輸入を試みた。この試みの観光社会学における意義と含意を正面から論じるには、本稿に与えられた紙幅は明らかに足りない。この小論ではそのかわりに、アーリらと同様にゴフマンの相互行為論から大きな影響を受け、具体的な人の行いをデータに経験的な分析を積み重ねてきた、エスノメソドロジー（Ethnomethodology）・会話分析（Conversation Analysis）（以下 EMCA）を比較の軸に据え、より一般的に、社会学において分析の焦点を〈まなざし〉を伴う具体的な人の行いに接近させていくことが何をもたらすかについて考察を加えたい。そのため、本稿は観光の文脈に議論を限定しない。アパレル小売店の接客場面において店員が客の身体に〈まなざし〉を向けようとするデータを題材に分析を行い、パフォーマンス概念の導入が

〈まなざし〉を対象とした社会学研究に何をもたらすか、またそれは、EMCA 研究が〈まなざし〉を経験的に扱う仕方とどう異なるかを論じる。

② パフォーマンス的転回

アーリらが応えようとする〈観光のまなざし〉論への批判やコメントには次のようなものがある。まず、その名が示す通り〈観光のまなざし〉は視覚経験に焦点を当てているが、観光は視覚だけを通じてなされるものではなく、物理的・身体的な経験でもあること。次に、〈まなざし〉概念がとらえる観光は静的かつ受動的な種のものであるが、より積極的に、観光客の身体の活動を通じて参加していくような種の観光もあること。加えて〈観光のまなざし〉論は観光者の〈まなざし〉に光を当てる一方で、観光地の住民や旅行業者などの〈まなざし〉には目を向けていないこと（Urry & Larsen 2011＝2014）。大づかみにいえば、これらの批判は、従来の〈観光のまなざし〉論が観光の対象である物質と場所とを、観光客の〈まなざし〉により読み解かれる記号とみなして客体化し、より多様なはずの観光の諸相を〈まなざす〉視覚経験に切り詰めて記述していることに向けられている。

これらの指摘に応じるために、アーリとラーセンはドラマツルギー（演劇）アプローチの使い手としての初期ゴフマンを登場させ、彼からパフォーマンス（演技・実践）概念の借用を試みる。その目的は、観光という舞台を作り上げる人々のパフォーマンス—加太宏邦の訳注によれば「ヒトが行なう振舞い（演技・実践行為）が外にたいして何らかの影響や相関関係を（意図ある・なしにかかわらず）生み出し、主体にも客体にたしても（原文ママ）、また関係性にも新たな（別の）意味を帯びさせること」（前掲：293）—を分析単位に据えることによって、〈観光のまなざし〉論の射程を拡げることにある。パフォーマンス概念は、一つには「たんに"見る"だけでな

く、そこにいること、何かを行うこと、触れること、そして観ること」（前掲：294-295）などを含みこむものであり、それゆえ視覚経験への偏重を解消し、体験型などの多様な観光のかたちを射程に入れる手助けをする。二つめにそれは、観光地の存在とそこでの観光客の経験とを静態的・固定的なものとみなすことをやめ、観光客らの即興的な身体の動きを通じて舞台としての観光地の存在と、観光の経験とが作り上げられる過程を描き出すのに役立つ。三つめに、パフォーマンス概念は、観光の舞台を作り上げるさまざまな行為者（観光客、ガイド、旅行業者、小売業者、観光地の住民など）が、複雑な社会関係のなかで相互行為を織り成していく様子をとらえる力をも備えている。

　ここでアーリとラーセンは、たんに一個の概念で〈観光のまなざし〉論の穴を塞ごうとしているのではない。そうではなく彼らは、観光の対象となる物質や場所を単純な記号とみなすことから脱却し、観光経験の多重様態性、物理性、能動性、動的性質に光を当てることによって、観光研究のパフォーマンス的転回（performance turn）に身を投じている（前掲：22）。パフォーマンス的転回のレンズを通して見れば、「観光は行為（doing）であり、パフォーマンスでもってはじめて成就される（accomplished）なにものかであるのだ」（前掲：295）、というアーリとラーセンの印象的な主張は、パフォーマンス的転回を経た〈観光のまなざし〉論の到達点を示している。

③　レンズを通して見ること

　パフォーマンス的転回という新たな「レンズ」は、たしかに以前のものと比べて広角で解像度が高い。物質や場所を〈まなざし〉の客体とみなすレンズには映らない、多様な観光経験の諸相—観光客の物理的・身体的な経験、観光客による積極的・能動的な観光への参加、観光客以外の関係者の〈まなざし〉など—が、新たなレンズを通せば見えてくるようになる。話をひとつメタな（観光）社会学

者の学問的営為に及ぼせば、この種のレンズの製作と新調の作業は、アーリらに限らず（観光）社会学者の専門的な仕事のひとつであるといえよう。専門的な概念やコーディングを介さない肉眼では、人々の現実の観光経験は雑多なものにしか見えないが、（観光）社会学者は自分たちが拵えた<ruby>拵<rt>こしら</rt></ruby>えたレンズを使うことによって、そのなかに秩序立ったパターンを発見し、分析的記述を与える仕事を行う。

　千差万別に性能の異なるレンズは、各々異なった見え方を（観光）社会学者に与える。そのうちで、人々の行いの具体性に肉薄しようとするパフォーマンス的転回のレンズは、いわゆる微視的（ミクロ）社会学の見えに近いものを与えるだろう。例をあげれば、『観光のまなざし』改訂版のなかでアーリとラーセンは、観光中の写真撮影を題材に、人々が観光写真を撮り、撮られることがいかに演技と交渉に満ちた行為なのかを、きわめて細かな描写から示している。

　だが、こうして『観光のまなざし』改訂版のなかに微細に描き出された人々の観光のパフォーマティヴな側面は、はたして人々が、当該の行いによって「成就」（前掲：295）する観光の実態にどれだけ近づくのか。従来の〈観光のまなざし〉のレンズのピントが観光客の視覚経験にあっており、そのために記述対象が視覚経験に偏っていたとするなら、新調した「パフォーマンス」のレンズは、今度は人の行いのパフォーマティヴな側面（演技、身体、能動性、偶有性等々）をゴフマン的に発見するのに役立つ一方で、そこから外れる行いを映し出さないのではないか。たとえば、人の観光経験にはそれほど劇的でも能動的でもないような、ともすれば退屈に映る瞬間も含まれるのだろうが、それらはパフォーマンス的転回のレンズに収まるのか。

　ここで、かつて会話分析の創始者エマニュエル・シェグロフが、ゴフマンの相互行為論に対して行った批判が参考になるだろう。彼は、大意として次のように言った。ゴフマンは人の日常的な行いに潜むリアルを暴き出そうとして、印象管理や面子をめぐる駆け引きといった、表に現れない（unofficial）振る舞いを見つけだしたけれ

ども、その作業のためにめくった石の表側に見えていたはずの、当たり前でふつうすぎる（けれども、あるいはだからこそ、人々が日常生活を成り立たせるうえで欠かせないものとみなしている）行為の数々——会話のなかで質問したり、依頼したり等々——を見落としてしまった、と（Schegloff 1996：165）。

④ レンズを外すこと

　それではゴフマンはどうすればよかったのか。すでに没していたゴフマンのかわりにシェグロフが試みたのは、社会学者としてのゴフマンがかけていた、人の行いを理解し記述するための「レンズ」を外し、人々の具体的な行いのほうから、その人々が自分たちの行いを相互にどう理解し区別しあっているか、その基準を受け取ろうとすることであった[1]。この作業は、エスノメソドロジー——人々が社会を成就させる方法の社会学——の方針に忠実である。

　レンズを外すこと。シェグロフら EMCA の研究者にとっての分析上の方針を、こう比喩的に表現することができよう。本当にそんなことが可能なのか、具体的にどう実行すればよいのか、といったことを詳しく論じるスペースは残念ながらない。手短に3点指摘しておこう。

　第一に、「観光は行為（doing）であり、パフォーマンスでもってはじめて成就される（accomplished）なにものかであるのだ」というパフォーマンス的転回の主張に忠実であろうとするなら、「レンズを外す」方針には真摯に向き合う価値がある。というのも、人々がなにごとか（この場合観光）を協働して成し遂げているとするなら、研究者がレンズを通して覗き込む前に、まずはそれに携わる当人た

---

[1]　具体的にはシェグロフは、日常会話の分析から、既存の行為ラベルは貼られていないけれども、会話を行う人々自身がほかのものとは違うものとして区別して使い、理解している行為（「仄めかしておいたことの確認」）の存在を同定してみせている。

ち自身が、互いが何を行っているのかを理解し区別できていなければならないからである。たとえば、Aにカメラを向けられたからBがポーズをとるという行いにより観光（の一場面）が成就しているとするなら、AとBとは、互いが何を行なっているかを（少なくとも問題なく写真を撮ることができるくらいには）理解できていなければならない。この相互理解の過程の具体的な分析抜きには、観光が人の行いを通じて成し遂げられる様子を解明することは難しいはずだ。微視社会学的なレンズで人の行いの細かな部分を描き出そうとするゴフマン流の分析では、そうして記述した行為が、実際の相互理解の過程にとって関連性（レリヴァンス）をもつものかどうかがわからないために、具体的な場面を成就させる人の行いの記述に辿り着かない可能性がある（平本 2015）。

　第二に、すでにいくつかの EMCA 研究が、それほど劇的で演技的とはいえない類の、〈観光のまなざし〉を成立させる人の行いを見つけつつある。一例をあげれば、スマートフォンのカメラでグループ写真を撮ろうとする観光客のやりとりを会話分析した城（2018）は、カメラのフレームに収まる前に、まずは移動中の人々がグループ写真を撮ることに合意すること自体が、交渉に満ちた行為であることを仔細に明らかにしている。

　第三に、レンズを外すことは、レンズに映らないものを拾い上げる以上のことも意味している。それは、すでに見つけている行いにあわせるピントの基準を、すなわち、ある行いにたいして与える分析的記述の粒度を、観光に従事する当の本人たちの活動にとって適切なものにあわせなおす、ということである。〈まなざし〉を例にとって考えてみよう。〈まなざす〉という表現は、じつに多様な視覚経験をその傘の下に包括する[2]。観光客は寺社の柱に精巧な釘隠しを「見つけ」、それをじっと「眺める」一方で、さほど興味を引かない

---

[2]　だが、アーリらはその詳細に立ち入らない。同様の観点からの〈観光のまなざし〉論への批判として、酒井（2016）秋谷（近刊）がある。

棚は「一瞥する」だけかもしれない。柱に刀傷が残っていると聞かされれば柱を「見回し」てそれを探し出し、同伴客に「目配せ」してその存在を教えるかもしれない。人々はこうした視覚実践の多様性に敏感であり、その敏感さこそが、観光をそれとして成り立たせるものである。誰かが釘隠しを「見つけ」たことがわかるからこそ、同伴の観光客はそれを「眺める」ことができる。この、〈まなざし〉に包括されているさまざまな視覚実践のピントを合わせなおす作業を、本章ではアパレル店舗における接客場面の会話分析を題材に試みたい。

5 アパレル小売店の〈まなざし〉

　本章ではアパレル小売店の購買場面のデータを分析に用いる。筆者らは 2015 年から 2017 年にかけて、女性向けのカジュアルファッションブランドの路面店（2 店舗）およびテナント店（2 店舗）にて、購買行動の店頭調査を行った。調査協力者が購買行動を行う様子を、ビデオ機器により収録した。

　現代社会におけるファッションもまた、観光地と同様に、〈まなざし〉の対象となることと、その経済的消費とが不可分に結びついている財（サービス）である。観光が物と土地とを人の〈まなざし〉にさらして消費するものであるとすれば、ファッションは「身体をまなざしのもとにさらすことによって、常に見られるものへ、表象されるものへと変えてゆく装置」（平芳 2004）である、といわれる。下に示す店員の発言とそれへの客の反応をみれば、この言葉の意味がわかるだろう（書き起こしに使用されている転記記号の意味については、章末の付録を参照のこと）。

［断片 1］（（05 行目の「ビジュ：」は装身具を意味する））

（（客が鏡の前で服をあわせる））
03　店員：°ふんふん°.hhhhh[いいですね：=

04　客　　：　　　　　　　　　　　［°ん：：：：：°

05　店員：＝°あの°ビジュ：ついてるので：ネック

　　　　　レスなしでも

06　　　　　使っていただけ［ますし：,

07　客　　：　　　　　　　　　［あ：：：

08　店員：↑は：い.

09　　　　　(0.5)

10　店員：お客さま：すごい (.) 足がすらっと

　　　　　されてて奇麗なので：

11　　　　　((客が左脚を上げる))

図1　客の脚を見る店員

　この断片では女性客が鏡の前でワンピースの服をあわせ、その似
合い具合を店員が肯定的に評価した（03行目）後で、そう評価でき
る理由の一つとして店員が客のスタイルを褒めている（10行目）。
これに応じて客は左脚を軽く上げ（11行目）、ワンピースから伸び
た自分の脚を鏡越しにみる（図1）。この瞬間、女性客の身体は店員
と客自身の〈まなざし〉の対象として客体化され、表象されるもの
になっている。

　分析に先立って強調しておきたいことは、このような〈まなざし〉
を向けることに、接客中の店員が職務上の関心を抱いているという
ことである。なぜなら、店員は客の身体に服を（仮想的にせよ）ま
とわせ、その具合を確かめることによって、服の購入に向けた流れ
を作り出すことができるからである。上の断片で店員が服の似合い
具合を高く評価し（03行目）、客の同意を得るために高評価の理由
を説明していっている（05〜10行目）ことは、この志向性に適合的
な振る舞いといえよう。だが、店員はいつでも自分から客に服を着
せ、自由にその身体をじろじろと眺め回すことができるわけではな
い。だから店員は上のような状況を作り出すために、さまざまな工
夫をこらす。

　その工夫とはいかなるものか。この断片をもう少し前から見てみ

よう。ワンピースを手にとって歩いている女性客が、店員に声をかける。声をかけられるとほぼ同時に、店員は女性客に鏡の方向を指し示し、彼女をその場所へと案内する。女性客は鏡に辿り着く直前に、服を自分の身体へと引き寄せ、肩の位置にあてる（図2）。つまり彼女は鏡の前で服をあわせようとしているわけだが、これへの対応として店員の側には、大きく分けて二つの選択肢が考えられるだろう。一つは女性客がやろうとしていることを手伝うことであり、もう一つは積極的には手伝わないことである。断片1は店員がこの選択肢に直面した時点から始まる。

[断片1　再掲]
((客が服をあてて鏡をみる))

01　店員：°いい°ですか:>ちょっと<タグしまいます↑ね::み(やり)にくいので＝
　　視線　　タグ--, 足元->
　　動作　　,,,,,,,,,,,,,,,,,,,,右足を半歩踏み出してタグをしまう,

図2　服を肩にあてる客

図3　客の足下を見る店員

02　　　：＝°失礼°↑しま::す
　　視線　　----------------->
　　動作　　,,,,,,右足を引く->

03　店員：°ふんふん°.hhhhh[いいですね:＝
　　視線　　,,,,肩-----------------------

```
         動作  --左足をわずかに引く
         頷き   nod nod
04  客  ：                    ［゜ん：：：：：゜
```

　店員は客を鏡の前に誘導し、鏡でみるのに邪魔なタグを服の中に
しまう（01～02行目；図2）。これは、客が鏡の前で服をあわせるた
めの準備を店員が手伝っているものと見ることができよう。タグを
しまい終えた彼女は一歩後ろに下がり、鏡の横に立とうとする。こ
の立ち位置は客と鏡の双方を視野に納めるものである（図1の位置）。
言い換えればここで、店員は客が服をあわせるための準備を終えた
後で、次に生じること（客が服をあわせること）を視野に収めるた
めの身体配置をとろうとしている。こうして店員は、客が鏡の前で
服をあわせ、その具合を確かめるという活動に、自分も同じタイミ
ングで関与していくための機会を作り出す。

　実際、店員は後ろに下がりながら、客の足下に視線を下ろし（図
3）、その視線を再び客の首元へと上げて（つまり客の身体を足下から
首元まで眺めて）、客が言葉を発するより早く自分から「゜ふんふん゜」
と感想を述べ始める（03行目）。先にみた10行目の客を褒める発言
は、この「゜ふんふん゜」に続いて店員が発した感想（03行目の「い
いですね:」）に連鎖的に結びつくものとして（具体的には、「いいで
すね:」といえる理由の一つとして）出現していた。つまり店員は、
服の似合い具合を確かめる活動に客と同じタイミングで関与してく
ことを通じて、女性客の身体に自然に〈まなざし〉を向けている。

　この店員の工夫のなかには、複数の視覚実践が組み込まれている。
第一に、タグを服の中にしまう前に、店員は服のタグを「見つけ」、
それに気づいている。このことは彼女の振る舞いの細部に示されて
いる。彼女は01行目の発話の少し前からタグに視線を注ぎ始め、
続けて01行目を発することによって、その視線がタグに気づくも
のであったことを客に示している。その視線の注がれる先は01行
目の末尾までタグに留まり続けるのだが、今度はこの行いによって、

タグをしまう作業を遂行するために（客の身体に〈まなざし〉を注ぐというようなことではなく）タグを見ていることが客に伝わる。これらが客に伝わっていることは、客が作業の間待ち続け、また、タグが客の頭部とそれほど離れていない箇所に位置し、その箇所に店員の視線が注がれているにもかかわらず、客が店員に視線を向け返さないことによって証拠立てられる。タグをしまい終える直前（01行目末尾）から、右足、左足と両足を引いて鏡の横に立つ（02〜03行目）までの店員の視線の動きは、それまでと比べてダイナミックである。上でも述べたように店員は女性客の身体を足元から首元まで見上げるが、視線が首元に到達する瞬間にわずかに先んじて（03行目）、「°ふんふん°」と言い始める。こうして感想を述べ始めることを通じて、店員は、足元から首元までの視線移動が、客の身体を「眺めて」服との合い具合を調べるためのものであったことを客に伝える。

　以上、店員が客の身体をひととおり眺めてそのスタイルを褒め、客が脚をちょっと上げてみせることでそれに応じるような、いくぶん演技的な〈まなざし〉の視覚実践が、より多様な視覚実践（を含んだ諸行為）に支えられて成立していることをみた。タグを「見つけ」、それをしまう作業のためにタグを「見続け」、しまい終えるとほぼ同時に客の身体を「眺める」といった多様な視覚実践を織り込んでいくことが、店員が自らの職務上の関心を満たすために施す工夫の一角を成している。その意味では、上の分析は、ファッションを「身体をまなざしのもとにさらすことによって、常に見られるものへ、表象されるものへと変えてゆく装置」（平芳 2004）に仕立てあげることが、具体的な接客サービスの中でいかに行われるかを示している。

⑥　実践のなかの〈まなざし〉

　パフォーマンス概念の導入は、〈まなざし〉を対象とした社会学研究になにをもたらすか。本章の主題に戻って述べ直すなら、次の

ことを示唆できるように思う。

　（観光）社会学者は、人の行いにたいして、〈まなざし〉、身体、能動性、偶有性、複雑な社会関係、演技、物質性等々の概念を適用することによって、観光等々の現象に合理的な説明を与えることができる。この記述を可能にしている点で、たしかにパフォーマンス的転回のレンズは解像度が高く、しかも射程が広い。

　しかし、パフォーマンス的転回のレンズを通した分析は、個別具体的な状況の下で組織される人の行いに肉薄しているようでいて、そのじつ人の行いから具体性を削ぎ落とすことによってはじめて成立している。この結果生み出された人の行いの記述が、実践に携わる人々の相互理解の過程の具体的な分析を経ないために、観光やファッション等々の事柄がその場で成し遂げられる過程の適切な記述に至ることがないということは、単一事例の分析からでも示すことができたものと思う。

　現代の都市空間において、社会に条件づけられた制度としての〈まなざし〉を何かに向けることは、観光地を眺めることや、ファッションをまとった身体を品定めすることが示すように、財（サービス）の消費と強く結びついている。それゆえ〈まなざし〉の詳細な成り立ちや分類を示すことは、そうした消費がどう社会に条件付けられて行われているかを解明することにつながる。この分析が生み出す

3　私たち生活者は今（2020年10月）、コロナ禍の傷痕がいつ癒えるのか、見通せない日々を過ごしている。この、降って湧いた新たな日常のなかで、都市生活者は、互いの一挙手一投足に目を光らせざるを得ない。人々は公共の場での振る舞い方を一新することを求められ、うまくやれているかどうか、互いにチェックし合う状況に置かれているのである。自分や他者の行いが「自粛」にあたるのかどうか、ソーシャル・ディスタンスを保てているのかどうか、ここでマスクを外してよいか等々。人々は、新たな〈まなざし〉が――公共の場での人の行いをどう見たらよいかに係る〈まなざし〉が――制度化される只中にいる、といってもよいかもしれない。その〈まなざし〉の内実に迫るには、人の行いの実際をみることが肝要である。このことにはおそらくアーリも同意するだろうが、では「人の行いの実際をみる」研究とは、いかなるものであるべきなのか。本章ではこの問いに取り組む方法を、議論と分析を通じて示してきたつもりである。

記述は細かすぎて、また、ゴフマン流の外連味や企み、隠れた思惑に溢れた分析に比べると退屈すぎて、社会学の成果物としては軽視される傾向にあるかもしれない。だが、レンズを通さない記述の細かさや退屈さは、社会を成立させる当人たちにとっての細かさや退屈さなのである。それゆえそれは、社会に条件づけられた制度としての〈まなざし〉が再帰的に社会を構成する、まさにその瞬間の厳密かつ具体的な記録になるといえよう[3]。　　　　　　　［平本　毅］

【付録　転記記号一覧】
　言語的行動については、発話行番号と発話者名の右に、次の記号を用いて転記する。

[　　　　　　発話重複の開始位置
=　　　　　　末尾に等号を付した発話と冒頭に等号を付した発話とのあいだに間隙がないことを示す
(数字)　　　その秒数の間隙
(.)　　　　　ごくわずかの間隙（0.1 秒前後）
:　　　　　　直前の音の引き延ばし（コロンの数は引き延ばしの相対的長さ）
.　　　　　　下降調の抑揚
?　　　　　　強い上昇調の抑揚
,　　　　　　継続を示す抑揚
.hh　　　　　吸気音とその長さ。h の数の多さが吸気音の相対的な長さを表す
↑　　　　　　続く音が高い音調で発せられていることを示す
°文字°　　　弱められた発話
>文字<　　　前後に比べて速い発話
(文字)　　　聞き取りに確信が持てない部分
((文字))　　転記者によるさまざまな種類の注釈・説明

　非言語的行動については、発話行の下に、次の記号を用いて転記する。なお、同一発話行中の上下の位置関係は、行動が生じたタイミングの前後関係を表す。つまり、発話行中の任意の行動直下の視線行、その直下の動作行の行動、その直下の頷き行の行動は、同一のタイミングで生じている。

…　　　　　　行動の準備
-　　　　　　行動の継続
,　　　　　　行動の終了に向けた動き
>　　　　　　行動が次の発話行へと続くことを表す
nod　　　　　頷きが生じた位置を表す
文字　　　　　視線行の文字は視線の対象。それ以外の行の文字は、行動の内容を表す

📖 参考引用文献

秋谷直矩 近刊「観光する時間と友人との時間—観光実践のエスノメソドロジー」秋谷直矩・團康晃・松井広志編『楽しみの技法：趣味実践の社会学』.

平本毅 2015「会話分析の「トピック」としてのゴフマン社会学」中河伸俊・渡辺克典編『触発するゴフマン—やりとりの秩序の社会学』新曜社，pp. 104-129.

平芳裕子 2004「ファッション—まなざしの装置」『服飾美学』39，pp. 37-54.

城綾実 2018「相互行為における身体・物質・環境」平本毅ほか編『会話分析の広がり』ひつじ書房，pp. 97-126.

Urry, J. & Larsen, J. 2011 *The Tourist Gaze 3.0*, Sage.（加太宏邦訳 2014『観光のまなざし 増補改訂版』法政大学出版局.）

酒井信一郎 2016「観光における『見ること』の組織化」酒井泰斗ほか編『概念分析の社会学2—実践の社会的論理』ナカニシヤ出版，pp. 279-292.

Schegloff, E. A. 1996 "Confirming Allusions: Toward an Empirical Account of Action." *American journal of Sociology*, 102(1), 161-216.

第6章

マンガ・アニメに見る 「自然」をめぐる論争
──『ドラえもん』を *Contested Natures* の観点から考察する

① 自然を読み取る実践としてのマンガ・アニメ

　本章では、ジョン・アーリらの議論から、現代社会における自然観を分析する際に、マンガやアニメといったポピュラーカルチャーのコンテンツを用いる可能性を検討する。マンガ・アニメにおいて、自然や環境は重要なテーマの一つとなり続けてきた。宮崎駿監督の長編アニメ作品『風の谷のナウシカ』（1984）『天空の城ラピュタ』（1986）などは、もっとも良く知られた事例である。ロボットアニメ『機動戦士ガンダム』シリーズでも、しばしば環境破壊が悪役の動機となる。このような事柄を我々はどのようにとらえることが出来るのか。

　アーリはフィル・マクノートンとの共著、*Contested Natures* の冒頭において以下のように主張する（カッコ内は原語表記）。

　　本書において我々は、それ自体としての単独の「自然（nature）」は存在せず、論争された（contested）複数形の自然（natures）の多様性だけがあること、またそのようなそれぞれの自然は

もっともらしく分離することが出来ない社会文化的なプロセス
　　の多様性を通して、構成されるということを示す（Macnaghten
　　& Urry 1998：1）。

　アーリらは、環境は社会的実践や人間の経験から切り離された実
体であるという「実在論」、自然や環境の分析はさまざまな「価値」
への批評や認識を通して行われるという「理想主義」、自然・環境
に対する個人・集団の反応をそれら両方あるいはいずれかの関心の
計算の観点から考える「道具主義」という、三つの立ち位置を指摘
する（Macnaghten & Urry 1998：1）。そして、それらに一定の評価
を与えつつ、現代の環境の変化や人間のかかわりの側面を、無視／
誤って表現／封印してきたと述べる（前掲：2）。アーリらは、これ
を踏まえ自然をめぐる視点が歴史的に変化してきたことや、現在で
も論争含みな点を記述した（前掲：2-30）。そのなかで「集合的に『環
境のものとして』受け止められるような項目を生じさせる複雑な社
会的プロセスを分析し理解する」必要性を主張し（前掲：19）、自然、
あるいは環境をめぐる歴史や政策、言説などについて多角的な分析
を行った。
　筆者が注目したいのが、アーリらが指摘する「環境的にダメージ
を受けているものとしての物理的世界の読解を促進させるより幅広
い社会実践」（前掲：21）である。アーリらは旅行に関する歴史的
な分析により、自然や環境が視覚の対象となっていったと指摘して
これを検討した（前掲：104-133）。では、日本ではどのような分析
が考えられるのか。ここで注目したいのが、日本において発達し、
しばしば自然・環境を扱ってきた媒体であるマンガ・アニメであ
る。その流通過程は、アーリらが指摘する「ダメージを受ける環境」
の読解を促進させる実践になり得る。
　本章では、マンガ・アニメ作品の分析から環境をめぐる社会的実
践を析出する可能性を検討する。具体的には、『ドラえもん』の劇
場用作品を分析事例として、「作中においてどのような自然描写が

なされているのか」「それはどのような実践として位置づけられるのか」という点を明らかにする。

② 『ドラえもん　のび太と雲の王国』と 90 年代のエコ・ブーム

2.1 『ドラえもん』と藤子・F・不二雄の基本情報

　はじめに、『ドラえもん』の基本情報を確認する。本作は、小学館の学年誌[1] において 1970 年 1 月号から連載が始まり、後に『コロコロコミック』にも掲載されるようになった。作者は 1996 年に亡くなっているが、現在も過去作の再掲載や劇場用アニメの原作となる藤子プロによるマンガの連載が継続している。単行本の累計発行部数は 8,800 万部超で、この 10 年間でも増刷が続くなどその人気は高い（『産経新聞』2020.1.23 朝刊）。1979 年以降テレビ朝日において、現代にいたるまで声優の交代を挟みつつ、アニメが放映され続けている[2]。

　本作品の物語は、のび太という勉強も運動も苦手な少年の未来を変えるため、22 世紀からネコ型のロボットであるドラえもんが現れるというものである[3]。いじめっ子のジャイアン、お金持ちで自慢が好きなスネ夫、のび太があこがれるしずかなどのキャラクターも巻き込み、ドラえもんは不思議な力を持つ未来の道具を使い、さまざまな騒動を巻き起こす。本作は「日本じゅうを笑いに包み込む」と説明されており[4]、1 話完結のギャグ作品である。

---

[1] 特定の学年の児童を対象にした総合雑誌の総称。『小学○年生』（○には学年の数が入る）という雑誌名で時事や流行、マンガなどの情報を掲載していた。2019 年現在は、『小学 1 年生』のみが発行されている。
[2] 1973 年にも日本テレビによりアニメが制作されたが、短期間で終了している。
[3] 『ドラえもん』第 1 巻第 1 話「未来の国からはるばると」（藤子・F 1974a:5-19）より。なお、物語の始まりは複数のパターンが存在する（藤子・F 2019）。
[4] https://dora-world.com/characters（2019 年 9 月 15 日アクセス）

『ドラえもん』は人気の高さから1980年以降、ほぼ毎年長編作品も制作されている。原作マンガ（大長編ドラえもん）が単行本1冊、アニメ映画が90分前後となる。長編では、短編で悪役になることが多いジャイアン・スネ夫も仲間となり、主要な舞台はのび太たちが暮らす街ではなくさまざまな異世界へと移り、作品毎に明確なテーマが設定される。

　本稿で取り上げるのは、『ドラえもん　のび太と雲の王国』（1992年）[5] である。本作は、『コロコロコミック』にて1991年10月号から92年3月号まで連載された。ただし、作者の体調不良により後半部の2話（1992年2月号・3月号掲載分）は絵物語として発表され、1994年7月に改めて全編がマンガの単行本にまとめられた。同作品を原作にした映画は、1992年3月に劇場用映画として公開された。『ドラえもん』、および『雲の王国』を取り上げるのは、以下の理由による。

　第一に本作の発表時期は自然・環境に対する関心が高まっていた時代である。アーリらは、「現代の政策と政治によって自然と環境がいかにして再形成されたのか」という点に注目するなかで、近年の人間／自然の関係を再形成するもっとも重要な企ては「環境の持続可能性」の言説と、発展のより「持続可能な」形態を提唱する公的な声明を通して行われたとする（Macnaghten & Urry 1998：212）。その動きは、1972年にストックホルムで行われた国際連合人間環境会議を起点として、地球を「同じ船（the same boat）」とみなすイデオロギーを伴い、1992年6月にリオデジャネイロで実施された「環境と開発に関する国際連合会議」（UNCED＝地球サミット）で頂点に達した（前掲：213-215）。日本でも、1980年代後半から90年代前半に環境に対する関心は高まっていた。1992年の『出版年鑑』では、出版・読書界10大ニュースの一つとして「昨年を上回るエコ・ブーム」（出版年鑑編集部 1992：34-35）と紹介されている。

5　以下、『雲の王国』と略記する。

第二に藤子・Fは、1970年代以降自然・環境をしばしば題材としていたマンガ家である。たとえば、人類滅亡後を舞台に植物による地球再生を描いた『みどりの守り神』(1976)や、地球人が巨大な宇宙人によって狩られていく姿をとおして動物の絶滅を取り上げた『絶滅の島』(1980)があげられる[6]。『ドラえもん』についても、作者が逝去した際に発行されたファンサークルの同人誌掲載の論説において、長編の「シリーズ後半に当たる『アニマルプラネット』[7]以降、環境保護―エコロジーというテーマが出てくる」(永田1996:172)と指摘される。編集者・ライターの稲田も後述する「さらばキー坊」が雑誌に掲載された1984年以降、本作とエコロジーに関する主張が「急速に接近した」(稲田 2017:207-209)と指摘している[8]。

　第三に、『雲の王国』は長編作品のなかで特に自然を大きく取り扱った作品の一つである。本作品は自然・環境をあつかった短編作品とも関連が深い。次節はこの点から記述する。

2.2　関連する短編作品

　ここで『雲の王国』と関連する、三つの短編作品を紹介する。これらは通常の単行本に収録されており、自然や環境がテーマとなっている。いずれのエピソードもアニメ化されているが、本稿では原作のストーリーを紹介する[9]。

　第一に「モアよドードーよ永遠に」(17巻)というエピソードである(藤子・F 1979:167-188)。物語は、絶滅動物のテレビ番組を

---

[6]　なお、両作品は『藤子・F・不二雄SF短編集〈PERFECT版〉』(藤子・F 2000；2001)など複数の媒体で購読可能である。

[7]　正しいタイトルは『ドラえもん のび太とアニマル惑星（プラネット）』である。本作は1990年に劇場公開された。

[8]　この時期の本作テレビアニメのエンディングテーマが、自然・環境に関する歌詞を含む「僕たち地球人」(1984～88)「青空っていいな」(1988～92)であった点は注目に値する。

[9]　このほかに「オオカミ一家」(藤子・F 1974b:108-117)「森は生きている」(藤子・F 1983:108-120)など絶滅動物や自然を扱った作品は数多く存在する。

見たのび太が、動物を守りたいと思ったことから始まる。のび太は、ドラえもんの道具を利用して、過去の時代から絶滅動物を集め育てることを考える。二人は多くの絶滅動物を集めるが、動物学者に目撃されて騒ぎになってしまう。最終的にドラえもんは、無人島を作り、絶滅した動物たちの楽園とする。

第二に「さらばキー坊」（第33巻）というエピソードである（藤子・F 1985：167-191）。のび太は伐採されそうになっている「木の赤ん坊」を見つけ、ドラえもんの道具を使い知性と動き回る能力を与え、キー坊と名付ける。キー坊は順調に成長するが、あるとき、植物型宇宙人が地球を訪れ、自然破壊に直面する地球の植物を持ち去ろうとする。のび太とドラえもんは止めようとするが、植物型宇宙人は説得に応じない。そこにキー坊が現れ、植物型宇宙人たちを説得し、自らも植物型文明を学ぶため、宇宙へと旅立っていく。

第三に「ドンジャラ村のホイ」（第35巻）というエピソードがある（藤子・F 1986：169-190）。のび太がエリマキガエルを目撃し、これを保護しようとする。ドラえもんとのび太は、エリマキガエルを探す途中、ドンジャラ村のホイを名乗る小人の少年と出会う（エリマキが付いたカエルの正体は、小動物を操る道具"万能手綱"を付けた普通のカエルである）。2人はホイを家族の元に送り届ける。小人族が大人族（＝人間）の自然開発で住処を失ったことを知った2人は、彼らがアマゾン川流域の未開発の地域に住めるように協力する。

2.3 長編『雲の王国』本編のあらすじ

次に、長編『雲の王国』（藤子・F 1994）のあらすじを確認する[10]。

のび太は、学校で「天国はどこにあるのか」と質問してあきれられたことをきっかけに、未来の道具「雲かためガス」を使い、雲の上

---

[10] 単行本のページ数と映画におけるおおよその時間帯を、pp. ○-○／00：00〜00：00 という形で示す。なお、一部カットの挿入場所など細部は異なるが、基本的な流れはマンガ版とアニメ版で概ね同一である。

に自分たちだけの「王国」を作ることにする。二人はしずか、ジャイアン、スネ夫とともに「王国」を完成させる（pp. 1-62／00：00～26：59）。

　その後、のび太たちは、パルパルという女性と出会い、雲の上に天上世界が実在することを知る。しかし、天上人たちに軟禁され、しずか、ジャイアン、スネ夫の三人は天上世界を（半ば強制的に）見学することになり、のび太とドラえもんは逃亡する。天上世界の首都を訪れたしずかたちは、天上世界が危機に瀕しており、天上人が（生命は一度避難させたうえで）「地球上の文明をすべて豪雨によって洗い流す」ノア計画を実行しようとしていることを知る。そして、実施を決める「最後の審判」に証人として召喚される。のび太とドラえもんは、天上世界で小人族のホイと再会し、天上人が何か計画していることを知り、自分たちの「王国」に戻る（pp. 63-140／27：00～1：09：11）。

　「王国」に戻った、のび太とドラえもんは、近い未来に地上の文明が大雨によって崩壊することを知る。天上世界ではノア計画を実施するかどうかの裁判が行われ、天上人の証人や地上の野生動物が証言する。しずかの証言の後、裁判は一時中断となるが、天上世界でとらえられていた密猟者たちが逃げ出してしまう。ドラえもんは、かたまった雲をただの雲に戻してしまう「雲もどしガス」を利用した大砲で天上人と交渉することを考え、偶然逃げ込んできた密漁者と合流する。ドラえもんは大砲を使用する意思はなかったが、それに不満をもつ密猟者たちに、大砲を奪われる。密猟者たちは、天上世界に攻撃を加えるなど悪事を働くが、最後はドラえもんが自らを犠牲にした体当たりで大砲を破壊し密猟者も捕縛される（pp. 141-183／1：09：12～1：31：02）[11]。

　再び「最後の審判」が行われる。のび太たちが過去に助け出した

---

[11] 『コロコロコミック』掲載の絵物語版（藤子・F・藤子プロ　1992a, 1992b）では、ドラえもんの自己犠牲ではなく、天上人との協力による夜襲によって大砲が破壊される。

絶滅動物や小人族のホイが証言する。異星人である植物星の大使が現れ、ドラえもんを治療する。彼は自分がのび太に育てられたキー坊であると名乗り、ノア計画の中止を提言し受け入れられる。天上人は、自然が回復するまで地球を去ることになり、のび太たちは自然の保護を誓い物語は終わる（pp. 184-189／1：31：03〜エンディング）。以上が本編のあらすじである。

③ 『雲の王国』の自然描写／環境破壊描写／啓蒙活動

3.1 近代的風景としての自然描写

　次に作中で「どのような自然描写がなされているのか」という点について分析する。

　本作品の自然・環境の描写では、マンガの特徴であるビジュアルな描写が活用されている。そこで描かれる自然は、アーリらが指摘する18世紀後半から19世紀にかけてイギリス、西欧、北米において発達した自然観に一致している。

　アーリらは環境と感覚の関係を考察するなかで、「ヨーロッパ社会における視覚の覇権の増幅と、他の感覚を組織化する能力は、自然のそれ自体としてのスペクタクルへの移行を生み出した」と主張する（Macnaghten & Urry 1998：113）。18世紀後半に自然は「荒れ果てた」ものとして知覚されていた。18世紀末期になると、自然は「審美的な消費」によって服従させられ「スペクタクル」なものへと変わり、19世紀には「湖水地方の荘厳な地形」や「ダウンズの美しい地形」などが対象となった（前掲 1998：114）。

　作中で描かれる自然は、この自然観に沿ったものになっている。たとえば、「王国」作りの過程では、「美しい大自然もほしいね」（藤子・F 1994：22）とドラえもんが発言している。ドラえもんはさまざまな道具を使い、陸地に変えた雲の上に山・平原・森・湖を人工的に作っていく（前掲：19-54）。完成した王国が描写される場面では、大きなコマが使われ、その荘厳さが描写される。この場面では、手

前（画面下）に城壁の上から「王国」を眺めるのび太たちが描かれ、発言者は判別できないが、「ヒエー…………。」「これがぼくらの王国…。」「すばらしい！！」という吹き出しが配置されている。そして、奥（画面上部）には、街並みや湖、山が描写されている。『雲の王国』において、描写される自然は、「風景として楽しむことが出来る自然」であり、その意味で近代的・西洋的なものである。

3.2　科学的に把握された環境破壊

次に「環境的にダメージを受けているものとして読み取ることを促進させるより幅広い社会実践」（Macnaghten & Urry 1998：21）について考えるため、環境破壊をめぐる描写を見てみる。本作は人類が「自然と調和しつつ健康で生産的な生活を送る資格」を有し、「持続可能な開発への関心の中心にある」とする『環境と開発に関するリオ宣言』[12] が採択される直前の 1992 年 3 月に劇場公開された。注目したいのが、アーリらが指摘する「公共団体がより持続可能な未来にむけた貢献に、人々を巻き込むことを模索しているか」を示す三つの主要な想定である（前掲：217）。『雲の王国』における描写は、アーリらによって示された三つの想定と関連づけられる内容になっている。

アーリらは第一に、「持続可能な開発の言説は、自然を近代科学の研究を通して識別される一連の項目として考える」（前掲：217）と述べる。ここでは、「地球温暖化、オゾン層破壊、生物多様性」などの洗練された科学的なプロセスに依拠した地球的／技術的な項目が取り上げられる（前掲：217）。

第二にアーリらは「言説が、理性的な行為者としての人間の想定を明らかにする」点を指摘する（前掲：218）。人々は環境問題について無知であったとしても、適切な情報があれば是正することが可

---

[12]　https://www.env.go.jp/council/21kankyo-k/y210-02/ref_05_1.pdf（2020 年 1 月 29 日アクセス）

能である（前掲：218）。

　第三にアーリらによれば、「持続可能な開発は個人の「作用」に関する楽観的なモデルに依拠している」（前掲：218）。この言説では「人々の活動は環境的な項目についての、彼ら自身の知識や考えによって多かれ少なかれ直接的に管理される」ことを想定している（前掲：218）。

　つまり、持続可能な社会を目指すという文脈においては、自然や環境をめぐる項目は科学によって識別可能であり、行為主体である人間は理性的で、自省的に環境を守る活動を行うことができ、その行為によって環境を守ることができることが想定されている[13]。アーリらはこれを「近代的な伝統の一部」として位置づける（前掲：218）。

　では、改めて『雲の王国』ではどのような描写があるのか。まず、本作では天上人は理想的なエコロジストとして描かれている。たとえば、しずかは天上世界のエネルギーである太陽光発電施設を見て、「石油も石炭も使わないのね。それだと空気もよごれないし……」と語っている（藤子・F 1994：111）。天上世界の図解では「科学技術州」について「クリーンエネルギーを使った、天上世界の科学と工業の中心地」とされている（藤子・F・シンエイ動画［1992］2011：244）。

しかし、天上世界は地上人の環境汚染により衰退に向かっている。天上人のパルパルはしずかたちに地上人が「自然を破壊し、煙や排気ガスをまき散らし川も海も汚れっぱなしで」と、怒りをぶつける（藤子・F 1994：136-138）。さらに裁判の場面で、天上世界の証人は、地上人＝人間の環境破壊を次のように断罪する。

---

[13]　ただし、環境をめぐる議論において科学的な知見が必ずしも絶対視されているわけではない。たとえば、『環境と開発に関するリオ宣言』の第15原則では「予防的取組」の重要性が指摘されており、「十分な科学的確実性がないことを、環境悪化を防ぐ費用対効果の高い対策を引き伸ばす理由にしてはならない」ことが述べられている（https://www.env.go.jp/council/21kankyo-k/y210-02/ref_05_1.pdf（2020年1月29日アクセス）。

かれらは地球が何十億年もかかってたくわえた貴重な資源を
わずか数百年でつかいはたし、／かれらの出現よりもはるか昔
から栄えてきた動植物を、すべて自分の物のように思い上がり、
／有害物質を空にまきちらし、オゾン層を破壊し、酸性雨を降
らせ、／川も海も汚しつくし、多くの生物の住みかをうばい、
えさをうばい……（藤子・F 1994：156）。

　上記の台詞は3コマにわたって語られているが、1コマ目では証
言台に立つ証人、2コマ目では工場が煙を排出している様子、3コ
マ目では（おそらくは）重油などで汚された2匹の鳥が描かれている。
　これらは、当時話題になっていた環境問題である。アメリカの民
間機関ワールドウォッチ研究所が、1991年に発行した『地球白書』
第1章には以下のように述べられている。

　　主要な指標はのきなみ自然環境の悪化を示している。森林は
　減少し、砂漠は広がり、耕地は表土を失い、成層圏のオゾン層
　は破壊され、温室効果ガスの蓄積がますます進んでいる。動植
　物の多くの種が絶滅し、大気汚染は何百という都市で健康に危
　害をおよぼすレベルまで進行している。酸性雨による被害も世
　界各地で見られるようになった（Brown eds. 1991＝1991：7）。

　このように見ると、『雲の王国』における「何が環境へのダメー
ジであるのか」を示す実践は、当該の時代において科学が明らかに
した環境問題の主要トピックを取り上げている。その意味で作中の
環境破壊描写は、アーリの第一の想定である「自然を近代科学の
研究を通して識別される一連の項目として考える」（Macnaghten &
Urry 1998：217）という実践と関連づけられる。
　次に第二の「理性的な行為者としての人間の想定」と、第三の「個
人の「作用」に関する楽観的なモデル」（前掲：218）との関連につ
いて考えてみる。議論を先取りすれば、第二の想定はおおむね全面

的に、第三の想定は部分的に支持されている。本作は、自然を保護したいと望む天上人が、地上人を断罪するという物語である。しかし、地上人は自然を守ろうという意思をもつのび太たちと、実際に利己的にふるまう自分勝手な大人である密猟者たちに分かれている。実際、作中ではドラえもんたちの配慮も表現されている。"王国"完成後、のび太たちがドライブを楽しむシーンで、ドラえもんはプラモデルのソーラーカーを秘密道具で大きくして「太陽電池だから燃料はいらないし、空気はよごさないし、しずかだし」と語る（藤子・F 1994：55-56）。

　そして、物語中盤で描写される最初の裁判の場面では、しずかが次のように述べる。

　　　私たち人間は自分たちの生活をゆたかにすることだけに夢中でまわりのことをまったく気にかけなくなっていたんです。／でも今は違います。／自然を大切にしなくちゃと気がついた人たちが増えてきたのです。地球を守ろうという運動も広がっているのです（藤子・F 1994：160）。

　この場面は、しずかがアーリらが指摘する第二の想定、および第三の想定に基づき、天上人を説得しようとしている場面といえる。

　ただし、この場面において裁判官たちの説得には成功していない（藤子・F 1994：160）。結局裁判はパルパルの提言により中断され、天上人の説得に成功するのは物語の終盤においてである。本作では逃亡した密猟者たちが天上世界を脅かす悪役となり、それをのび太たちが撃退する（藤子・F 1994：163-182）。さらに、のび太たちが短編作品で行ってきたことが伏線となり、自然の代弁者である絶滅動物たちや、地球出身の植物であるキー坊の助力を得て、天上人の説得に成功する（藤子・F 1994：183-187）。キー坊は裁判の証言台で次のように語る。

みなさんたしかに地球の自然は破壊されつつあります。／し
　かし、一方では自然を守ろうと努力している人たちも増えつつ
　あるのです。／ゆっくりですが前進していることは確かです。
　／もうしばらくその動きをみ守ってあげるわけにはいきません
　か。／ノア計画の中止を（藤子・F 1994：187）。

　この演説によりノア計画は中止される。つまり、本作ではのび太
たちはアーリらのいう自然に関する情報を得て自分の行動を変える
ことができる「理性的な人間」（第二の想定）として位置づけられて
いる。また、「個人の「作用」に関する楽観的なモデル」（第三の想定）
については部分的に支持されている。このように、『雲の王国』の
描写は、持続可能な社会を目指す世界的な動きと関連づけられる。

3.3　出版社の啓蒙活動

　『雲の王国』は当時の環境問題を、巧みに物語に取り入れた作品
である。しかし、本作が藤子・Fの作家性にのみ依拠するものでは
ない点は重要である。日本のマンガは、商業的な要請と作者の表現
したい内容を折衝させるなかで制作されることが知られている（玉
川 2016：282-285）。特にドラえもんは人気作であり、長編作品を含
むアニメとのタイアップも含め、作者個人の作品でありながらも、
集団体制で制作されていたと考えてよい。よって、分析に当たって
は『雲の王国』単独ではなく、当時の掲載誌の記事内容などにも注
目する必要がある。そこでは、どのような実践がなされていたのだ
ろうか。

　先述の通り、本作の連載・公開された時期は、環境に対する社会
的な関心が高まっていた時期である。その関心は子ども向けの媒体
にも反映された。この時期に発売された書籍を見ると、学習研究社
より『地球大異変─環境破壊はここまで進んでいる』（松下監修
1990）という子どもむけの書籍が発売されている。本書の目次では、
「二酸化炭素の増加で地球は気温が上昇する」「フロンガスがオゾン

を破壊する」「消えていく地球の仲間たち」などの『雲の王国』でも取り上げられていた項目を確認できる。その他、同じく学習研究社の『地球環境のひみつ』（山口ほか 1992）や『わたしたちの地球を守ろう』（全 8 巻・偕成社）『地球の健康診断』（全 5 冊・草土出版）など児童向け環境問題関連書籍は数多い[14]。

　では、『ドラえもん』の発行元である小学館はどうであったのか。当時、小学館発行の『21 世紀こども百科』は「環境問題への関心の高さもあって」売れ行き好調であった（出版年鑑編集部 1992：79）。学年誌でも、定期的に環境問題に関連する企画を行ったり、関連する話題を記事のなかで取り上げたりしていた。『小学 6 年生』では、1991 年 7 月号に「生きている核兵器」、8 月号に「ペンギンと誓った自然保護」、という記事が掲載されている。『小学 5 年生』でも、1991 年 2 月号に「ぼくらの自然派宣言」が掲載されている。『小学 4 年生』でも、1991 年度において「身近な自然を大切に！日本野生動植物マップ」（5 月号）、「ぼくらの仲間を守ろう！世界の野生動物」「〈地球にやさしく〉酸性雨から地球を守れ！」（7 月号）、「〈地球にやさしく〉ジャングルを守ろう！」（9 月号）、「〈緊急自然レポート〉ツキノワグマが危ない！」（11 月号）などの記事が見られた。

　ところで、『ドラえもん』は教育教材に頻繁に利用されるコンテンツである（山田 2004：165-166）。このため、一連の活動において、本作も重要な役割を果たしていた。『小学 6 年生』1991 年 9 月号 35・6 ページを確認すると、「ドラえもん"自然はともだち"コンテスト」という企画が、『小学 1 年生』から『小学 6 年生』までの六誌合同で告知されている。学年誌では、しばしば別冊付録として環境問題についてドラえもんのキャラクターを使用した学習マンガが付随していた。たとえば、『小学 4 年生』1992 年 9 月号には『ドラえもん　地球人　パスポート』が付いている。これは植物の葉を

14　各シリーズの情報確認にあたっては、Banks（1989）、および石（1989）を参照した。

もったドラえもんと、「ぼくたちにもできるエコロジー」という言葉が、表紙に描かれた小冊子である。これには、専門家の監修の元で、ドラえもんのキャラクターを使った学習漫画が掲載された。なお、これらの小冊子に掲載されたマンガは、しばしば学習マンガの単行本としてまとめられていた（例として、いそほ・たかや 1991）。

一方、『コロコロコミック』では、『雲の王国』公開と小学館 70 周年を記念して、ドラえもんの形状をしたソーラーカーを製作するプロジェクトが行われ、児童誌 9 誌合同で名称が募集された（『藤子・F・不二雄ワンダーランド　ぼくドラえもん』第 6 号 2004：26）。1992 年 4 月号では、「ソーラーカー　ソラえもん号制作快調！」という特集が組まれ、愛称が決定したことが告知されている。「ソーラーカーは空気をよごさない未来派マシン」として紹介されており、「美しい地球を大切にしながら、空に太陽がある限り走り続けます」とされている（『コロコロコミック』1992.4：34-35）。

アニメ映画の同時上映作品にも注目したい。『雲の王国』と同時上映された作品に『トキメキソーラーくるまにょん』がある。映画パンフレットでは「車の歴史を楽しく紹介するミュージックショー」であり、「太陽エネルギーで走る公害のない 21 世紀の車、ドラえもんの夢のソーラーカー」も登場するとされている（東宝出版事業部 1992：19-20）[15]。

このように、『雲の王国』は藤子・F・不二雄による単独の実践であるというよりは、当時の環境問題に対する社会的な関心の高まりのなかで行われた小学館の児童向けの啓蒙活動の一部としても位置づけられる。加えて、これらの活動は本稿冒頭にて示した環境の「理想主義」「道具主義」に基づくものである点も指摘できるだろう。

---

[15]　本作については、直接映像を確認することはできず、映画パンフレットを確認した。

④ 複数形の自然をめぐる「論争」の場としてのマンガ・アニメ

本稿では、マンガ・アニメ作品において「どのような自然描写がなされているのか」「それはどのような実践として位置づけられるのか」という点について、『ドラえもん　のび太と雲の王国』を事例として分析した。

本作品において、「どのような自然描写がなされているのか」という点については、近代的な自然観に基づいた視覚的スペクタクルな描写がなされ、かつ発表当時の科学的知見を用いて環境へのダメージが表現されていることが明らかになった。長編ドラえもん作品における環境問題は当時の社会的状況のなかで報じられた問題を参照していたことが分かる。本稿で紹介した『雲の王国』はマンガやアニメが、自然について社会のなかで共有された事柄を物語に巧みに組み込み構成した事例といえる。

『雲の王国』における描写は「どのような実践として位置づけられるのか」という点について見ると、本作品とその描写は、藤子・F・不二雄という作家個人に依拠したものとして自然破壊・環境問題を取り扱っているというだけでなく、当時の社会全体における環境問題への関心の高まりや、それと連携した小学館の啓蒙活動のなかに位置づけられる実践であるといえる。

筆者は冒頭においてアーリらによる「環境的にダメージを受けているものとしての物理的世界の読解を促進させるより幅広い社会実践」(Macnaghten & Urry 1998：21) に注目することを指摘した。本章の分析を振り返ると、マンガやアニメといった娯楽作品における描写も、あらためてこのような実践の一部になりうることが明らかになった。また、そのような描写による実践は、作品単独でなされているだけでなく、『ドラえもん』を出版している小学館のような、その他の社会的主体による活動と連携して行われていた。

本稿が示した知見は、あくまでも思弁的なものである。しかし、

アーリらが指摘する「単一の自然などは存在せず、論争される複数形の自然の多様性がある」という点を踏まえると、一見無関係に見える、マンガやアニメもその論争を構成する重要な要素の一つであることが示されたといえる。『ドラえもん』の場合は、環境を保護すべきという立場から論争に参加している作品と位置づけられる。

最後に、さらなる分析の可能性を検討したい。第一に、個別の作品の内容や、制作過程についてより詳細な分析を行える可能性がある。『雲の王国』の連載時の絵物語、アニメ、マンガ単行本の間には微細な違いがある。その背景にはどのような制作意図や、「論争」があったのであろうか。この点について本稿では取り上げきれなかったが、歴史社会学の手法を用いた文献調査や、関係者へのインタビューなどにより、特定の自然観が構成されるより詳細な過程を明らかにすることは可能であると考えられる。

第二に、『ドラえもん』のように長期間にわたり作品制作が続いているシリーズの通時的な分析も考えられる。たとえば、1980年代にグルメブームを起こし、時代毎の環境問題がしばしば取り上げられていた料理マンガ『美味しんぼ』（原作：雁屋哲・作画：花咲アキラ、1983年〜、小学館）などは興味深い分析対象となり得る。

第三に、特定の環境問題をめぐる複数の作品に対する共時的な分析も考えられる。なんらかの環境問題が社会的なトピックとなっている時期に分析を行えば、社会のなかでの自然をめぐる「論争」の実態や、問題解決の糸口を提供することにもつながるかもしれない。いずれにしても、マンガやアニメなどの娯楽媒体も、複数形の自然をめぐる「論争」の一翼を担っているのである[16]。　　　［池上　賢］

16　本章の執筆にあたっては、慶應義塾大学大学院・中村香住氏、立教大学兼任講師・佐久間淳子氏より専門的な立場から助言をいただいた。また、創価大学文学部講師・森下達氏からは助言に加えて資料をお借りした。この場を借りて、お礼を申し上げたい。

▓ 参考引用文献

Banks, M. 1989 *Conserving Reinforces*, Wayland.（不破敬一郎監修・小田英智訳
　　1991『わたしたちの地球を守ろう 2　熱帯雨林を救おう―破壊からまもる
　　ために』偕成社.）

Brown, L. R. ed. 1991 *State of the World 1991*, W. W. Norton & Campany.（加藤三
　　郎監訳 1991『地球白書 1991-92―新しい世界秩序を実現するために』ダイヤ
　　モンド社.）

藤子・F・不二雄 1974a『ドラえもん 1』[Kindle 版]，小学館，検索元 Ama-
　　zon.com.

藤子・F・不二雄 1974b『ドラえもん 2』[Kindle 版]，小学館，検索元 Ama-
　　zon.com.

藤子・F・不二雄 1979『ドラえもん 17』[Kindle 版]，小学館，検索元 Ama-
　　zon.com.

藤子・F・不二雄 1983『ドラえもん 26』[Kindle 版]，小学館，検索元 Ama-
　　zon.com.

藤子・F・不二雄 1985『ドラえもん 33』[Kindle 版]，小学館，検索元 Ama-
　　zon.com.

藤子・F・不二雄 1986『ドラえもん 35』[Kindle 版]，小学館，検索元 Ama-
　　zon.com.

藤子・F・不二雄 1994『大長編 ドラえもん 12 のび太と雲の王国』[Kindle
　　版]，小学館，検索元 Amazon.com.

藤子・F・不二雄 2000『藤子・F・不二雄 SF 短編集〈PERFECT 版〉3』小学館.

藤子・F・不二雄 2001『藤子・F・不二雄 SF 短編集〈PERFECT 版〉8』小学館.

藤子・F・不二雄 2019『ドラえもん 0』小学館.

藤子・F・不二雄＆藤子プロ 1992a「ドラえもんのび太と雲の王国　第 5 回
　　完全ビジュアル版イラストストーリー」『コロコロコミック』2 月号，小学
　　館.

藤子・F・不二雄＆藤子プロ 1992b「ドラえもんのび太と雲の王国　第 6 回
　　完全ビジュアル版イラストストーリー」『コロコロコミック』3 月号，小学
　　館.

藤子・F・不二雄・シンエイ動画 [1992]2011『てんとう虫コミックス・アニメ
　　版　映画ドラえもん　のび太と雲の王国』小学館

稲田豊史 2017『ドラがたり―のび太系男子と藤子・F 不二雄の時代』PLAN-
　　ET.

石弘之 1989『地球の健康診断① いま地球がたいへんだ』草土出版.

いそほゆうすけ・たかや健二 1991『ドラえもん 地球救出大作戦』小学館.

Macnaghten, P. & Urry, J. 1998 *Contested Natures*, Sage.

松下和夫監修 1990『地球大異変―環境破壊はここまで進んでいる』学習研究
　　社.

永田雅之 1996「F 先生の晩年に思う―『神の概念』の登場と，『エコロジー思想』
　　への目覚め」藤子不二雄ファンサークル ネオ・ユートピア『NEO UTO-
　　PIA　24―藤子・F・不二雄先生 追悼号』.

出版年鑑編集部 1992『出版年鑑　1992　資料・名簿編』出版ニュース社.

玉川博章 2016「商品として側面を支える作家・編集者のあり方」小山昌宏・玉

　川博章・小池隆太編『マンガ研究13講』水声社.

東宝出版事業部 1991『ドラえもん　のび太と雲の王国』(映画パンフレット).

山田暢子 2004「娯楽化する教育―「ドラえもん」のエデュテイメント教材を中
　心に」『マス・コミュニケーション研究』64.

山口太一・西岡秀三・相原正義 1992『学研まんが［ひみつシリーズ］地球環境
　のひみつ』学習研究社.

夏の甲子園モビリティーズ

100万人の大移動

　2014年から16年までの3年間、夏ごとに兵庫県西宮市の阪神甲子園球場に通った。

　勤務先の朝日新聞社は、「夏の甲子園」（全国高等学校野球選手権大会）を都道府県大会から全国大会まで、各地の高野連（高等学校野球連盟）や日本高野連と主催している。当時の私の肩書は山形総局長だった。甲子園球場での山形代表の試合の様子は総局から派遣された担当記者が書くから、総局長の「仕事」は試合を見るだけである。

　振り返れば何ともぜいたくな話だが、後で述べるように手間のかかる県大会を一緒に運営した県高野連の役員と、代表校の試合を甲子園球場で観戦するのは慣例になっていた。開会式の前夜に、宿舎で選手を激励するという役目も一応あった。14年の代表は山形中央高校で、私の目の前に横一列に整列した選手たちから頭一つ抜けてこちらを見つめていたのが、後にプロ野球・日本ハムで投げる長身の速球派、石川直也投手だったことを覚えている。

　夏の甲子園は、日本有数のスポーツイベントになっている。それを新聞社が主催することへの批判は承知しているが、いったん脇に置かせてほしい。これから述べるのは、18年の第100回記念大会では100万人を超えた大観客の移動システムだ。ジョン・アーリの『モビリティーズ』をもじれば「甲子園モビリティーズ」と呼べるかもしれない。その様相を、移動システムを支える「ビッグ・ブラ

ザー」(邦訳：29)の一員である大会主催者の視線も交えながら、記してみる。

　3年間で甲子園球場に通った日数は計15日ほどだったろうか。山形代表が戦ったのは6試合にすぎない。だが、いまだ「優勝旗の白河越え」を果たしていない東北地区6県の高野連には、役員は自分の県が負けるまで他県の試合も観戦するという内規があった。山形代表が3回戦まで勝ち上がってベスト16になり、宮城代表の仙台育英高校も決勝に進んだ14年は、山形の役員につきあってとりわけ頻繁に甲子園球場へ向かった。

　代表チームの甲子園球場への移動はバスだが、私や役員はほぼ毎回電車を使った。大阪市中央区にある大阪城の西側、天満橋駅近くに山形代表の宿舎があり（県高野連や朝日関係者も同宿する）、地下鉄で梅田駅（現在は大阪梅田駅）まで行って阪神本線に乗り換え、甲子園駅へ。所要時間は30分ほど。外に出ると広場の向こうに甲子園球場がそびえている。

　甲子園球場は、近くに大規模な駐車場がない。球場内には「電車で行こう！ 甲子園」というポスターが貼ってあり、電車の使用が推奨されている。甲子園駅は、阪神電気鉄道が1924（大正13）年に「東洋一の規模」とされた甲子園球場（当時は甲子園大運動場）を建設し、「夏の甲子園」が近くの鳴尾球場から移ったのにともない臨時駅として開業した。2年後には常設駅に格上げ。初めから球場と電車はセットだったのである。

　ところで、日本だけでなく世界の球場は、甲子園球場のように主に公共交通機関で観客が来る都市型と、自家用車を使う地方型に大別される。山形大会が開かれたいくつかの球場はすべて地方型だった。アメリカ大リーグでもニューヨークやサンフランシスコなどを除くと多くの球場は地方型である。

　この自家用車でやって来る観客が、私たち山形大会の主催者にとって頭痛のタネだった。大方の観客がクルマを使うのに駐車場が小さすぎるのだ。山形市の近郊、中山町にあるメーン会場の山形県

野球場は、収容人数2万5,000人に対して駐車場が1,300台分。山形大会は総試合数が50弱で総観客数が3万人前後と日本で最小動員の県大会だと聞いたことがあるが、それでも決勝戦などでは駐車場が満杯になって周辺の道路は大渋滞し、違法な路上駐車も発生する。近所の住民からは大会本部席に苦情の電話が入り、警察には怒られるというお決まりの成り行きとなる。

　ちなみに山形にはプロのサッカーチーム「モンテディオ山形」があり、天童市に2万人収容の本拠地スタジアムを持つ。こちらは6,000台分の広大な駐車場があり、観戦のため何度か自動車で通ったが、渋滞のストレスを感じることはなかった。アマとプロの運営の差だろう。

混まない甲子園駅

　話を甲子園球場と阪神電鉄に戻す。試合が終われば、担当記者のように取材や執筆があるわけではないから、観客とともに甲子園駅へと歩く。そのうち甲子園駅で不思議なことに気づいた。ホームが混まないのである。

　甲子園駅は大きな駅ではないし、ホームも狭い。そこにどんどん人が入ってくるのだが、もういっぱいだと思うと電車がすっと来て混雑が解消される。毎回その繰り返しだった。最初は、山形や東北の試合は観客が少ないからだろうかと考えた。なにしろ山形の夏の甲子園での勝率は全国最下位だ。だが山形の試合ですら3〜4万人は入る（1試合で県大会全試合より多い！）。同じような観客数となる神宮球場や広島市民球場でのプロ野球の試合後は、近くの駅でしばしば大混雑を経験した。なぜ甲子園駅は違うのか。

　疑問は自社の新聞記事が解決した（2016年8月19日付大阪本社版夕刊）。阪神電鉄は、甲子園球場の試合終了にあわせて臨時電車を出していたのだ。たとえば16年8月16日の第4試合の終了は午後6時50分。それを甲子園駅のテレビで確認した駅員たちは、梅田行きの臨時特急を7時4分、13分、24分に発車させた。列車はそ

の時までに、駅の引き込み線などに3編成を待機させていた。これならホームが混まないわけである。当時の駅長は取材に「なりたくてなった甲子園駅長。やりがい、ありますわ」と話している。

しかも臨時列車は実に1917（大正6）年の第3回大会から運行されてきたという。まだ夏の甲子園が鳴尾球場で行われていたころだ。乗降駅は甲子園駅の隣の鳴尾駅だった。『阪神電鉄のひみつ』（PHP研究所編）によれば、甲子園球場はプロ野球・阪神タイガースのホームでもあるから野球開催日は年に100日ほどあり、試合終了後には臨時列車が運行される。同書は「経験豊富な阪神電鉄だからできる神業」と評しており、野球場を自らつくった鉄道会社らしい工夫ともいえる。アーリは移動システムのビッグ・ブラザーを「わたしたちがどこに行くのか、（中略）知っている」と喝破したが、阪神電鉄こそはその名にふさわしい。

甲子園を訪れる観客には、もう一つ大きな移動手段がある。バスだ。甲子園球場のアルプススタンドに陣取る各校の応援団がバスを連ねて地方からやって来ることはよく報道される。だが、すでに書いたように甲子園球場の近くに大きな駐車場はない。応援団はいったいどこで乗り降りしているのか。

甲子園球場から1キロほど南に行くと海にぶつかる。海辺の一帯が応援団バス専用の駐車場だ。選手と吹奏楽の楽器を積んだバスだけは甲子園球場脇での乗降を許されているが、その他の応援団は海辺の駐車場で降り、ゾロゾロと北へ歩いていく。地元ではよく知られているのだろう、沿道には応援団の行列目当ての土産屋が出る。老人施設の壁に「がんばれ　全国の高校球児」という貼り紙を見たこともある。

バス運行の緻密な制御

この応援団の移動には、細かいルールが課されている。大会本部が作成する『代表校・応援団の手引』（18年版）によると、バスは原則50台まで（大阪と兵庫は10台）。駐車場の到着は試合開始予定

時刻の2時間前。さらにその1時間半前には、バスが走る高速道路ごとに決められたサービスエリアなどに待機していなければならない。中国自動車道なら加西SAといった具合だ。そこからは大会本部が、道路やら試合の状況などによって携帯電話で運行を誘導する。それ以前に代表校は「応援団バス運行計画表」などの文書を、事前にファクスで大会本部に送ることになっている。

　県大会での総局長の任務として、決勝戦の直後に代表校の責任教師(部長)にこの『手引』を選手の甲子園用背番号などと一緒に手渡していた。3年間の山形代表は過去に出場経験のある学校ばかりだったが、初出場だったらとても理解しきれないだろうと、毎年心配していた。極めて緻密な制御によって、アルプススタンドの大応援団は近隣住民に迷惑をかけず、わずかな時間で入れ替わる。だがこれを阪神電鉄のような「神業」と自賛することはできない。アーリが言うように「相当に重い『負担』」(邦訳：346)に違いないからである。

　以上のコラムは、コロナ禍以前の2019年秋に執筆した。よく知られている通り、20年の甲子園大会は春、夏ともに中止になり、春(選抜大会)の出場校による「2020年甲子園高校野球交流試合」が、控え選手や選手の家族などを除く無観客で8月に開催された。コラムで記したような「大移動」は起こらなかった。6月19日に遅れて開幕したプロ野球も当初は無観客で、7月10日に初めて5,000人まで入れた。阪神電鉄の20年4〜6月の輸送人員は、決算短信によると前年同期比で38.5%減だった。　　　　　　　　[村山正司]

コラム4

アクター・ネットワーク理論

リヴァイアサンを通じた社会と人間観

　アクター・ネットワーク理論（ANT）の生みの親であるフランスの社会学者／人類学者であるブルーノ・ラトゥールは、この理論を説明する際に、トマス・ホッブズによる古典的な社会理論である『リヴァイアサン』を引き合いに出している（Callon & Latour 1981；ラトゥール 2019：399 など）。本コラムもそれにならって、『リヴァイアサン』の冒頭にある次の一節から始めることにしたい。

　　自然とは、天地を創造し支配するために、神が用いる技のことである。人間の技術はさまざまな事柄において自然を真似る。そうした模倣によって人工的な動物を作ることもできる。……人間の技術はそれにとどまらない。模倣の対象は、理性をそなえた被造物、すなわち自然の最高傑作とも言うべき人間にも及ぶのである。実例を挙げよう。まさに人間の技術によって創造されたものに、かの偉大なるリヴァイアサンがある。リヴァイアサンは国家とも呼ばれているが、実は一種の人造人間にほかならない。……この人造人間は主権を人工の生命としている。それは全身の活力と運動の源泉である。為政者や司法・行政を担当する官吏は、人工の関節である（ホッブズ 2014：15-16）。

　以上のような具合で、ホッブズは国家の成り立ちまでを論じるに至るが、国家については後で触れることにして、ここではまず、人

間が自然を真似るなかで「人工的な動物」を作り、さらにその技術が生命そのものを創造することにまで向けられる、という点に注目したい。そこで思い起こされるのが、人工知能や生命工学などに関わる近年の技術革新だろう。自動運転やゲノム医療などの実用化がよくニュースなどで紹介されるなかで、それらがすばやく展開している様子から、人間そのものが創造される段階も空想の領域ではなくなっている。

しかし、技術が展開する様子と合わせて、こうした技術の利用はもともと人間が踏み込むべきではない「不自然な」領域であるという議論がされることがある。さらにこれに対して、人間もまた自然の生物なのであるから、そのような技術の利用も、人間が行うこととしては自然なもので、アリが蟻塚を作ることなどと大きな違いはない、という反論がなされることがある[1]。その一方で、仮に人間を成り立たせている仕組みが技術によって完全に解明されれば、その技術で作られた人間が、いわゆる自然に作られた人間とどう異なるのかを一概に決めることはできないという考え方もある。

ホッブズは「自然」を論じるにあたり、物質の仕組み（運動）が支配する世界で、その法則を「神の技」としながら、人間もそれ以外の生物・物質も平等にしたがうことを想定している（重田 2013）。この視点に経てば、人間が作り出したものをあらかじめ自然と区別して考えることは、必ずしも有効ではない。また、こうした視点は、アーリが指摘しているように、「自然」という領域を作り出すこと自体が、人間による社会的な実践に依存していることにも関係する（池上 本書6章）。

さらにホッブズの言うことにしたがえば、人間が作り出すものの一つに国家があり、その国家もまた自然により作られた人間と同様なもの、すなわち一つの生命とみなすことができる。そこで先にみ

---

[1] 田村和美 2018『ミステリと言う勿れ』第2巻、小学館フラワーコミックスα、p. 54.

た「神の技」という視点を加えれば、ホッブズが次の一節で、国家というリヴァイアサンを自然の「神」と見なしていることも理解できる。

> 多数の人々が合流して、一個の人格を帯びると、それは英語では国家……と呼ばれる。こうして誕生したのが、強大な怪物リヴァイアサンである。もっと厳粛に言うなら、地上の神である。人間が不滅の神のもとで平和を保ち、敵に抗することができるのも、地上の神のおかげである（ホッブズ 2018）。

その上で、国家には「万人の万人に対する戦争状態」に対抗する大きな地位が与えられている。一般的には最後の部分だけが強調されることが多いが、「リヴァイアサン」では、そこに至るまでに「人間とは何か」という考察が詳細に行われている。そのような考察にしたがって、国家が一個の人格を形成しながら大きな力をもって行為することの根源が、さかのぼって個々の人間のあり方に求められていることが、ここでは注目される。

行為を生み出す力とその要素の結びつき

以上のようなホッブズの人間観を参考に、ANT の定義を示そう。それは、ホッブズにとっての「国家」に当たる ①「社会的なもの」の成り立ちを、② 自然（特にモノ）と人間の区別をおかずに、さまざまな要素の ③「結びつき」（連関）による構成について明らかにする方法である。

①と②についてはすでにホッブズの観点をなぞらいながら示してきたので、③の「結びつき」について詳しく見ていくことにしよう。この観点が重要なのは、国家が「何かをする」こと（行為）によって平和（または破壊）のような強力な「社会的なもの」をもたらしているとき、その行為は何から生じるか、という問題に関わるからである。この行為を生み出す力はエージェンシーと呼ばれるが、従

来はそれが個々の人々が持つもの（主体）と同一に扱われるだけで済まされていたのに対して、ANTでは②の要素が主体の内外から作用するなかで生じたエージェンシーが個人や国家などの「アクター」として構成される、という視点がとられる。この視点を通じて、エージェンシーをもたらすアクターの結びつきがたどられたものが、ネットワークとして記述される、というのがANTの大まかな成り立ちである。

このアプローチがもつ利点は、まず個々人と、社会全体それぞれで行為の方向が対立する社会的ジレンマのような状況が考えられるとき、それが複数のエージェンシーの構成として、優先や上下の関係なく（フラットに）とらえられることがあるだろう。つまり、ANTからすると、個々の人々の集まりの上にただ社会が成り立つとするといった見方が、ごく限定的なものであると同時に、「戦争状態」の解決の糸口が、国家の強権よりも、個々人相互によるフラットな信頼関係に求められること（重園 2013）が実践的に示される。

さらに、モビリティーズに関わる点として、現代において移動・輸送および通信の技術が発展することにより、行為に連関するモノとその空間的な範囲が大きく広がるなかで、あるエージェンシーに関わる多様で複雑なアクターへの接近がANTによって可能になる（アーリ 2015：57）。フランスで開発された電気自動車（EV）を例にとろう。EVを利用する行為には、EVを推進する側としての、電池の開発者や充電のための電力供給者のほかに、EVに転換する側としての、従来の内燃エンジン車の製造者・消費者や化石燃料の供給者など、さまざまなアクターが関わっている（Callon & Latour 1981）。こうしたアクターに連関したモノが構成する空間のあり方は、単にグローバルであるだけでなく、ローカルな範囲においてもまた多様であり、たとえば日本では非常用電力としての活用も想定したEVの導入に、被災での経験が関係するといったことも見られている。

このように、行為に連関したモノのある空間の多様性に応じて、

規模を限定しない形でアクターに従いながら、モノの結びつきを自在に転位（ディスロケーション）することで、ANT は行為の記述を展開していく。

ここで②の人間とモノとの結びつきとの関係に目を向ければ、人々が相互にやりとりする、対面での行為（相互行為）に対するモノの連関も ANT にとっては重要な対象となる。この例はスポーツや伝統芸能などの技巧が求められる行為で考えるとわかりやすいが、ANT が特徴とする、アクターに固有な経験（unique adequacy）がモノと行為の結びつきについて記述されるプロセスは、エスノメソドロジー（EM）が対象としている日常の会話場面などでも当然大きな意味をもつだろう。ANT はむしろこの点から、EM における記述対象からモノが外れていることを問題にしているが、近年はモノとの関わりについて相互行為を分析する研究が EM でも積極的に展開されている（Nevile et al. eds. 2014 など）。一方で、その研究において、モノが結びつく過程自体が相互行為の中での規範的な達成として記述されていることを考えると、モノを相互行為に対して外挿（プラグイン）するような ATN の立場と EM を同列に扱うことにはやはり慎重になる必要があるだろう。　　　　　　［是永 論］

🔖 参考引用文献

アーリ, J.／吉原直樹・伊藤嘉高訳 2015『モビリティーズ—移動の社会学』作品社.

Callon, M. & Latour, B. 1981 "Unscrewing the Big Leviathan: or How Actors Macro-Structure Reality, and How Sociologists Help Them To Do So." In Knorr-Cetina, K. & Cicourel, A. eds. *Advances in Social Theory and Methodology: Toward an Integration of Micro and Macro-Sociologies*, Routledge & Kegan Paul, pp. 277-303.

ホッブズ, T.／角田安正訳 2014『リヴァイアサン 1』光文社古典新訳文庫.

ホッブズ, T.／角田安正訳 2018『リヴァイアサン 2』光文社古典新訳文庫（電子版）.

Nevile, M. et al. eds. 2014 *Interacting with Objects: Language, Materiality and Social Activity*, John Benjamins.

重田園江 2013『社会契約論—ホッブズ、ヒューム、ルソー、ロールズ』ちくま新書.

ラトゥール, B.／伊藤嘉高訳 2019『社会的なものを組み直す—アクターネット

ワーク理論入門』法政大学出版局.

第Ⅲ部

実践

第7章

見知らぬ人同士の
〈つながり〉の変容

⓵ 都市公共空間の特質と移動する人々の関係

　ここでは、アンソニー・エリオットと ジョン・アーリ（Elliott & Urry 2010）が「モビリティーズ・パラダイム」としてあげている諸項目を参考に、「人の移動」と「つながり（connections）の複雑化」の関係に着目し、都市の公共空間での「見知らぬ人々（strangers）」同士の〈つながり〉の変容について、アーヴィング・ゴフマンの議論を参照しながら若干の考察をしてみたい。

　2020 年は新型コロナウイルスに見舞われる年となった。たしかにコロナ禍が、国レベルで出入国を大幅に制限するなど、モビリティ社会の停滞を引き起こしている面がある。また、都市公共空間でも、マスクの着用、人と人との間の距離を大きく取るなど、新しいルールが生み出されている。そして、今回のパンデミックが世界の歴史の記憶を呼び起こし、現代社会の価値観や政治経済の仕組みに批判的問いを投げかけていることも事実である。しかし等身大の人間同士が相互に行き交うときの基本的ルールは、国家の政治経済体制や価値観を超えたレベルで機能している。また、たとえ国家の価値観

や政治経済的体制の見直しがなされるとしても、それがグローバル化の必然的結果として生じたモビリティーズの増大を一時的に停滞させても、後戻りさせるとは考えにくい。

　以上を踏まえて、ここでの考察に入る前に、都市公共空間の特徴とその背景となる他の社会空間や社会関係の特質をいくつか見ておくことにしよう。第一に、産業構造の変容によってさまざまな地域から見知らぬ人が集まることが都市の特徴であり、一方ではグローバリゼーションのもとで文化や言語を異にする外国からの観光客、移住者、労働者が増えたこと、また他方では、自らの人生を一からデザインすることを余儀なくされる現代人の移動空間の範囲は大きく広がっていることなどの理由で、大都市に集まる「見知らぬ人」同士の背景の異質性の範囲は著しく拡大している。

　第二に、飛行機、鉄道、バスの大量輸送手段などの普及によって、公共交通空間は高速化、効率化の価値観によってそれぞれに固有の構造物としてデザインされるようになる一方、同じ客室や車両内に異質な属性をもつ乗客たちが乗り合わせ、一定時間手持ちぶさたのまま過ごす機会が増えている。

　第三に、都市の一般道路空間では、車やバイクに乗る人、自転車に乗る人、生身の歩行者など、それぞれの間での移動スピードの違いや対面感覚の違いによって、それぞれの感情や思惑を外見からでは読み取れないことが多い。それゆえに、「見知らぬ人」の反応はますます予想しにくくなっている。

　第四に、公共空間においては、それらの見知らぬ人々が安全に相互にコミュニケーションできる場は、職業的取引、商店、遊園地などでの制度化された社会的役割関係に置かれたときのごくわずかな会話を必要とする場面に限られている。そこでの会話の多くは、公的で形式に従ったものであるとともに、貨幣交換を中心とした関係や、さらにその中でも機械を媒介とした交換による関係が多く、対面的コミュニケーションの豊かな経験の範囲が狭まっている。

　第五に、縮小した家族・親族関係、学校のクラスやサークル、職

場、スポーツクラブなど、親密なつながりを生み出す領域が限定されてきていると同時に、少数の親密な関係やネット上で構築された選択的で一面的な関係や、知り合い関係が、〈つながり〉のすべてであるような意識が強まっている。

　最後に、せわしい都市公共空間の特質は、それとは異質な社会空間と対比させて考察する必要がある。モビリティーズが増大する一方で、職場や家庭・友人仲間と共に過ごす親密空間など人々の異質な生活時間秩序、生活体験、文化、宗教、価値観の違いが直接表面化しがちな生活空間領域での〈つながり〉の質の変化（Ogawa Nishiaki 2019）と、それらの異質性が直接対立する形で表面化することが比較的少ない公共空間における見知らぬ人同士の〈つながり〉の質にもたらされる変化とは、関連しつつも対照的な関係にあるように思われる。また他方では、祭りや映画、演劇、美術などの文化空間、さらには旅や巡礼などの空間では、現代人が自らの日常的生活と〈つながり〉から解放され、これまでの〈つながり〉のあり方を見つめ直し、新たな〈つながり〉の可能性を疑似体験する機会を求めているともいえよう（長田・坂田・関 2003）。ここでは詳しく触れられないが、このような特殊な意味をもつ公共空間もまた、現代の大都市の街路のようにせわしい公共空間とは対照的な性格をもつように思われる。

　以上を背景として、ここでは、都市のせわしい公共空間での見知らぬ人同士の〈つながり〉の質の変容とそれに伴う問題について考察しよう。

② 公共空間における見知らぬ人同士の関係

2.1 見知らぬ人同士の関係を支える社会的道徳観

　現代社会における「見知らぬ人（strangers）」とは、どのような人のことを言うのであろうか。都市に暮らす現代人は、共通の生活経験を長年にわたって共有してきた共同体の一員とは異なり、相互

に「見知らぬ人同士」である。これは、多くの成員同士が共通の生活経験をしてきた顔見知り同士の関係にある人々にとっての「よそ者（aliens）」とは異なり、相互に同じ条件で「見知らぬ人同士」なのである。ゴフマンは、都市のこのような「見知らぬ人同士」の公共空間における相互行為秩序を検討するにあたって、エミール・デュルケムの「個人は聖なるもの」という考え方を援用する。つまり脱宗教化が進み、個人主義が浸透していった近代社会で、最後に聖なる意味を帯びることになったのは、個人であるというのである。それは、見知らぬ人同士は、お互いに対等で自由な存在として相手の存在と権利を尊重し、相互に相手の尊厳と権利を侵害しないことが、社会の基本的な道徳的秩序となっていることを意味する[1]。

　公共空間では「見知らぬ人同士」は無言で行き交う。そこに狭義のコミュニケーションはないと考えるのが自然であるのかもしれない。しかし、多くの「見知らぬ人」同士の相互作用にはストレスが増しているとしても、その間には一定の秩序があることを考えるとき、「見知らぬ人同士にコミュニケーションはない」と言って済ましてよいのであろうか。見知らぬ人同士が対等な関係であるとはいえ、身体は、体格の違い、表情、服装、性別、年齢、人種、さらには職業や階層などの情報を垣間見させる。つまり、それらの情報は「公共空間」における見知らぬ人同士の対等な社会的場面に浸透してくるのであり、それによって、人々の対応の仕方には微妙な違いが生じる。さらには、現代社会の公共空間を行き交うものには、人、自転車、バイク、自動車などがあり、その移動スピードもまちまちである。そこで、人と車では通行する空間を分けるとか交通規則を

---

[1]　デュルケムによれば、社会は、人間ではどうすることもできない自然や超自然の力に服従したりそれらの力を手なずけたりしながら自らの秩序をつくり上げている。社会は、そのような力の源泉を「聖なる世界」として前提としつつ、それとの関係において「俗なる世界」として成立している。聖なる力を俗なる世界で管理する秩序が道徳的秩序であり、さまざまな「宗教」は社会の道徳的な秩序の制度化の一形態であると考えられる。それらは、聖なる世界への信念や価値観を俗なる世界においてシンボリックに表現するものであるとされる。

厳しくするなどの方法で秩序を保つ工夫がなされている。しかし、人同士でも相手の表情、外見の他に、歩く人と自転車に乗る人のスピードの違い、スマホを見ながら歩く人、ベビーカーを押す人、子連れで歩く人、大きな荷物を引く人、グループで歩く人など、それぞれの人の間でのさまざまな移動条件に関する要素が、「見知らぬ人同士」の聖性、対等性に影響を与えることは事実である。しかしながら、それらの違いを超えて培われてきた、見知らぬ人同士相互の尊重と信頼がなければ、それらの異質性を包摂する相互作用秩序は維持できないに違いないのである。

聖なるものに対する態度には、回避と接近の2種類がある。つまり、聖なる存在を侵犯することを禁止する儀礼（ネガティヴ儀礼）と、聖なる存在に接近しこれを侵犯することを促す儀礼（ポジティヴ儀礼）である。聖なるものへの接近は禁止される一方、ときに聖なるものを侵犯することによってその力は再確認されなければならない。現代社会の道徳的秩序の中核にあるのは「個人」への敬意と品行であり、道徳的秩序を相互作用レベルで維持しているのが回避と侵犯の「儀礼（ritual）」なのである。それは、他者と自分との関係（relations）に正当性を与えてくれる行為であり、個人は他者との正常な関係を維持する儀礼的行為を通じて、道徳的秩序を維持しているとされる。ここに、現代の見知らぬ人同士の〈つながり〉の基礎がある。

2.2 儀礼的無関心とテリトリアリティ

ゴフマンは、アメリカの1960年代の中産階級の観察を中心に、見知らぬ人同士が、公共空間で相手の存在を認めたときにその人をちらっと見るが、じろじろ見ることは避けるようなふるまいをすることに注目し、これを「儀礼的無関心（civil inattention）」と呼んだ。また、見知らぬ人はそれぞれ身体のまわりに一定のテリトリアリティ（territoriality）をまとっており、相互にそれを侵害しないようにふるまっていることにも注目した。それは、身体そのものを意味

するわけではなく、モーリス・メルロ＝ポンティのいう現勢的身体とそれに重なる習慣的身体[2] の外側に広がるような「精神としての身体」といった特徴を帯びる領域であり、状況のなかで身体の一部として認識されたり、身体とともに移動したりする。社会心理学においてはこのような身体の延長空間をパーソナルスペースと呼んだが、ゴフマンは、テリトリアリティを、パーソナルスペースばかりでなく、自分の身体の置かれた社会的状況のなかで自らに割り当てられる仕切り空間（電車の椅子のくぼみ、電話ボックスなどを人が占めたときの空間）、利用空間（自分が見ている絵画との間の空間、写真を撮る人と撮られる人との間の空間）、列（複数の人が一定のルールで並んでつくる空間）、持ち物（自分の携帯する持ち物、それが置かれる空間）、会話空間、個人的に人に知られたくない情報を保有するプライバシー空間といった心理的空間に至るいくつかのカテゴリーに分けて説明している。これらのカテゴリーは、個人に限定されるものではなく、会話空間や列のように複数の個人を含む広がりをもつ。そして、テリトリアリティに対する他者の接近や接触、音、また特に個人に限定すると、視線、体臭、汗や唾液、息、言葉などによっても侵害されるという感覚を引き起こすがゆえに、相互に尊重し合い侵害を回避しようとするふるまいの仕方が儀礼化されており、その一つが、主として視線による侵害を回避する儀礼的無関心だと考えることができよう。しかしテリトリアリティ侵害は、身体的接近や接触、イヤフォンから漏れ出す音、大声での会話や不用意な言葉などによっても起こることに注意する必要があろう。

---

[2] 　メルロ＝ポンティは，失ったはずの足に痛みを感じるという幻影肢の現象を引合いに出し，われわれが物理・生物学的身体（現勢的身体）のほかに，失われても自ら知覚できる身体を想定して，これを「習慣的身体」と呼んだ。メルロ＝ポンティ『知覚の現象学 1』(pp. 147-149) ここでは，ゴフマンのテリトリアリティの概念を，メルロ＝ポンティのいう「習慣的身体」の延長上に広がる，精神と身体の融合物として想定してみたい。それは，物理的環境のみならず社会的環境，心理的領域にまで及ぶ広がりを持ち，他者との関係のなかで尊重されたり侵害されたりするものである。

我々は見知らぬ人同士である限り、相手の存在を確認しても、それぞれのテリトリアリティを侵害しないように行動する一方、侵害が生じる場合には、見知らぬ人同士として相互に相手を尊重する関係を修復する儀礼を身につけている。その修復儀礼は、謝罪（apology）、弁明（accounts）が一般的であるが、ときには見知らぬ人に道を尋ねる場合のように、必然的に相手のテリトリアリティを侵害せざるを得ないことに対する了解を得るための儀礼的ふるまいがある。ゴフマンはこれを依願（request）と呼んでいる。もちろんこれらは、通常、言葉を使って行われるが、特に言葉によらなくても、無言の身体的ふるまい（身体技法）で済まされることもある。

　また、知り合い同士が偶然に出会う場合には、「儀礼的無関心」とは反対に相手をしっかりと見据えて相互のテリトリアリティを侵害するほど近づき、挨拶を交わすことが礼儀とされている。我々は知り合い同士の場合には、偶然出会えばおそらくお互いに挨拶するのであり、相手が苦手な人だと感じてもそうしなければいけないという意識をもつ人も多いであろう。

③　コミュニケーションとメタコミュニケーション

3.1　見知らぬ人同士のコミュニケーションとは

　知り合い同士の挨拶は、コミュニケーションの一例として理解しやすいが、上で見たように、見知らぬ人同士の間にも相互に見知らぬ人同士として認め合うという相互作用過程があるはずである。それによって、お互いに無関心を装うべき存在であり言葉でコミュニケーションをする必要のない人同士であるという認識が可能になっていると言えよう。知り合い同士である場合も、お互いに相手を認めて、どのような言葉をかけたらよいかを判断する相互作用過程が存在する。グレゴリー・ベイトソンは、このような相互作用過程を、メタコミュニケーションと呼んだ。つまり、その意味で、言葉によるコミュニケーションが進行するしないにかかわらず、人同士が対

面的に出会う状況では、必ずメタコミュニケーションが進行しているといえるのである。

　メタコミュニケーションの概念は、このようにコミュニケーションを単に言葉のやり取りによる相互理解とするのではなく、その過程を成り立たせる過程を含む立体的過程として把握することの必要性を示唆している。つまり、ここでいうメタコミュニケーションとは、人が出会う社会的場面を定義づけるコミュニケーションのことである。それは、その状況においてふるまうべき当事者の役柄（character）とふるまいの仕方を定義づける。見知らぬ人同士は、電車内であれば「乗り合わせた乗客」として、街路上であれば「通行人」として自らと他の人々との関係を定義づけ、「儀礼的無関心」やテリトリアリティ侵害の回避を中心とするそれぞれのふるまい方をわきまえて無言のコミュニケーションを行うことになる。

　挨拶をしなければならない相手であることを相互に認識し合うメタコミュニケーションもまた、まずは身体的ないし非言語的情報のやり取りを通じて行われる。「儀礼的無関心」や接触回避などのふるまいも非言語的コミュニケーションの一種であると考えれば、お互いにそうしなければならない関係であると定義づけるメタコミュニケーション情報は、言葉による通常のコミュニケーションとは別のチャンネルを使って交換されることになる。見知らぬ人同士であれ、我々のコミュニケーションは、その二つのチャンネルを使い分けつつ行われているとすれば、そのメカニズムに何か変容が起きているのではないかという視点から問題を考える道が開かれよう。

　そして、その情報チャンネルは、我々がそれを介して人とつながるチャンネルでもある。特にメタコミュニケーションのチャンネルは、自己と相手の人との関係のあり方やふるまいの仕方を規定する機能を果たしているのであり、しかもほとんどの場合、非言語的メッセージの交換によって成り立っている。そのような情報チャンネルの複数性がコミュニケーションにとって不可欠であるとするならば、その使い分けはいかなるメカニズムによって可能になっており、

またいかなる要因によって変容を余儀なくされるのかが問われることになろう。しかしそれを見るためには、もう少し必要な概念用具について説明しなければならない。

3.2 経験の組織化

　メタコミュニケーションは、社会的場面とその当事者の関係の定義づけを担うが、別の面からみると「ここで起こっていることは何か」という我々の経験の組織化の過程であると言い換えることができる。ゴフマンは、このような「経験の組織化」の過程を、社会的場面の「フレーム」の共有過程として説明した。「フレーム」という言葉を使ったのは、それが社会的場面や相互作用過程という言葉では表現できない「経験の組織化」の複雑な過程を説明する上でより有効だからである。また、それは「経験の組織化」のメタコミュニケーション過程のさらなる複雑性を示唆する。たとえば、遊び、フィクション、スポーツ、演劇、リハーサルなどの例を考えてみると、これらは活動自体を指す名称であるよりは、フレームに付けられた名称なのである。たとえば、「演劇」とは、役者という職業の人が舞台で役を演じるという仕事をしている自分を見失うことなく、劇中世界の人物になり切るような二重のフレームを指しているのである。あるいは、詐欺のような例を考えてみると、だます側にとっては「ここで起こっていること」は、だまされる側の信じている出来事フレームが変換された偽装フレームであり、両者のフレームの意味は異なっている。また、だまされる側とて、単純にだまされているとは限らず、だまされていることを承知でそれを隠してさらに相手をだましているかもしれないのである。

　また、車内空間での乗客を見ると、立つ人座る人それぞれが本を読んだりスマホを操作したりしていることが多いことに気づく。彼らは、同じ車内に乗り合わせた乗客同士としてのフレームを維持しつつも、本の世界やスマホの世界に参加している。

　このように、「ここで起こっていること」は、その内部に複雑な

フレーム変換や複数の現実の層化がなされている場合があり、そのときには、その複雑な変換についての情報交換を行なう複数のチャンネルが同時にオンになっており、それらのチャンネルごとの情報が使い分けられるのである。これらを含めて「ここで起こっていること」を定義づけるメタコミュニケーションの過程としてとらえるならば、コミュニケーションが進行する過程で、我々は複数のフレームによって経験される現実の諸層を維持し管理するための極めて複雑な複数チャンネルの情報を同時に使い分けていることが理解できよう。見知らぬ人同士の関係についてのフレームやメタコミュニケーションの概念のかかわりを見る前に、さらにいくつか触れておく必要のある問題がある。

3.3 メタコミュニケーションと自己の二重性

人間は、ある活動に夢中になっていても、そのように夢中になっている自分を見るもう一人の自分を分裂させる能力がある。つまり、遊びや演劇、スポーツは、それらに夢中になっている自分と、「これは遊びだ」、「これは演劇だ」、「これはスポーツだ」という認識を見失わないでいるもう一人の自分がいることによって可能になっているのである。いずれの場合も基本的にはその認識は、夢中になっている自分を見るもう一人の自分のメタコミュニケーションを通じて維持されている。しかしながら、その認識は活動に夢中になりすぎると見失われる可能性がある。子どもの遊びでは、いつのまにかメタコミュニケーションに混乱を来し、ケンカになる危険性をはらんでいる。演劇やスポーツには、その認識を忘れないようにするさまざまな制度や装置、ルールがつくり上げられている。にもかかわらず、スポーツ試合の選手同士のルール違反は容易に起こりうるのであり、厳格なルールとレフェリーによって、辛うじて一定の範囲内に抑制されているのを見れば、フレームの維持がメタコミュニケーションによって可能になっていることは明らかであろう。

これらとはややフレームの種類が違うが、車内空間での読書やス

マホの操作に夢中になることで、しばしば車内空間のフレームでの自らの役割を見失うことがあることに注意しよう。その過程に無自覚でいることによって、どのような問題が生じているのかについても無頓着である可能性はないのであろうか。

3.4　関与配分を表現する身体

　テレビは「ながら行動」が起きやすいメディアの典型として、これまでも議論されてきた。しかしながら、これを「ここで起こっていることは何か」という「経験の組織化」の観点から再考すると、現代のモバイル・メディアの持つ特質から生じる問題の所在が見えてくるように思われる。フレームの規則は、「ここで起こっていること」が何かを規定するだけではなく、そこでの活動に当事者はどの程度関与すべきかをも規定する。このことを見るために、ゴフマンに倣って関与配分という概念を導入してみよう。

　関与（involvement）とは、「今起こっていること」つまり、自分が経験している状況およびそのなかでの活動についての認識に基づいて、その活動の当事者が、どの程度深くその活動に自分自身が夢中になるのかを表わす概念である。これには、自分の置かれた状況全体から見て、そこにいる当事者に主要な関心を向けなければいけないと感じさせる「支配的関与（dominant involvement）」と、そこにいながらある程度まで自分のやりたいことをしてもよいと感じさせる範囲を示す「従属的関与（subordinate involvement）」の区別がある。また、当事者の側から見ると、そこで求められる支配的関与に自分の関心が一致する場合もあるが、他に何かやりたいことがあってそちらに関心を向けることがある。支配的関与に一致するか否かにかかわらず、その状況で自分がもっとも関心を向ける関与を「主要関与（main involvement）」といい、それに対して状況のなかでの参与者の二次的な関心の向け方を「副次的関与（side involvement）」と呼ぶ。たとえば、道路上で周りの人たちとぶつからないように注意を払いつつ歩くことは状況側の「支配的関与」で

あるが、そのような支配的関与が自分にとっては「副次的関与」になり、スマホを見ることや隣の友人と話すことが「主要関与」になることもある。それがどの程度許容されるかを規制するのが「従属的関与」の範囲である。自分の主要関与と副次的関与を、状況に求められる支配的関与と従属的関与に応じて配分する過程も、我々のメタコミュニケーションを通じて可能になっているのである。

④ 現代人の公共空間におけるメタコミュニケーション

4.1 見知らぬ人同士の相互作用フレームの揺らぎ

　ゴフマンが観察した 1960 年代のアメリカ中産階級とは大きく状況が異なる現代日本の大都市ではあるが、街路を歩くことや電車に乗っている状況フレームを、「ここで起こっていること」の一例として考える場合、そこでの支配的関与は交通規則を守ることや車内で他の人に迷惑を掛けないようにするという程度のものである。特に車内ではスマホを見たりイヤフォンで音楽を聴いたり友人と話をすることは従属的関与としてある程度認められている。モバイル・メディアが普及してきた現代の状況のなかでは、それを用いることが大部分の人にとって主要関与の対象となりうる。退屈な車内では、それはたしかに従属的関与として許容されるものの一つである。それは、本を読むことや友人と話すことと同列のふるまいであるように見える。しかし、モバイル・メディアの場合には、車内を超えた外部にいる人とのコミュニケーションが行われる点で、また車内から外に出た後にまで画面から目を離そうとしないことがある点で、本を読む行為とは微妙に違う。そこにいる見知らぬ他の乗客への敬意と品行を維持するという支配的関与に関するメタコミュニケーションが、どの程度意識されているのであろうか。また、周囲への注意が散漫になることによる衝突や接触、あるいはホームからの転落などの危険性がどの程度意識されているのであろうか。日本では、車内での通話はかなり厳しく規制されるようになっている。しかし、

本を読む行為とは異なり、遠くにいる人とのメールやSNSでのメッセージのやり取りが自分の周囲の人への関与配分が疎かになる様相は、イヤフォンで耳をふさぐ行為と同様、周囲の人のテリトリアリティへの配慮の欠如を周囲に示し、敬意を払うべき他の乗客を心理的に遠ざけ、疎外感や離反感を引き起こすように思われる。

4.2　公共空間での「敬意と品行」儀礼の衰退

　ゴフマンのいう「儀礼的無関心」や「テリトリアリティ」侵害の回避は、公共空間の秩序維持のための「個人」や「人格」への敬意と品行を意味している。大都市公共空間では、「見知らぬ人々」の背後に隠された文化や宗教、価値観の相違は表面化することなく、通行や車内空間秩序を維持するためのふるまいに限定されている。しかしながら現代日本の大都市では、「見知らぬ人」に対する態度は、聖なるものとしての「個人」のニュアンスは残っているとしても、「人格への敬意」そのものへ無関心や回避となっているのではないだろうか。むしろ「見知らぬ人」とは、自分と「無関係な他人」であり、あまり「関わりたくない不気味な存在」に近い。他人への「無関心」は、相手に敬意を払うためではなく、自分が巻き込まれる恐れのある関わりを回避するための無関心であるかのようである。それは、それぞれの人の直接的な関心や抱えている困難にも関心を示さないばかりでなく、背後にある文化や宗教、価値観への無関心を通じて、相手に対する依存、共感、支配や被支配、拘束性などによる〈つながり〉を生み出すことへの無関心であり、むしろその可能性から自己を防衛し隔離するための回避のようにすら思える。現代人の見知らぬ人とのメタコミュニケーションは、その意味では〈つながり〉をお互いに拒否するための情報のやり取りを意味し、それによって、「自分とあなたとは何の関わりもない他人同士です」、「自分には関わらないでほしい」というメッセージの交換が暗黙の裡になされているように思われるのである。これらは、モビリティーズが駆動する状況における相互の予測不可能性への反応であり、思わぬいざこ

ざや感情的衝突を引き起こすことへの恐れによるかのようである。逆に、最近では市街地でも、あおり運転のように、「個人は聖なるもの」の限界を超えた行為すら見られる。

　このような傾向は、公共空間でのテリトリアリティへの侵害に対する修復儀礼の衰退をも引き起こしており、ちょっとした接触や靴のかかとを踏んだときには何の言葉もなく、大きな荷物を引く人やベビーカーと一緒に車内に乗り込む人、マスクをしていない人に向けられる敵意の表情が、ときには一触即発のようなとげとげしい雰囲気を生み出してもいる。他方では、現勢的身体の置かれる物理的空間ばかりでなく、ネット空間を居場所としたり、個人的な楽しみの空間として構築する傾向が強まる中で、それらの空間経験と現勢的身体の置かれた空間経験への関与配分の仕方についての新たな社会的訓練が必要とされているように思われる。これは、モビリティーズが駆動する状況の必然的な帰結なのかもしれない。

⑤　モビリティーズが駆動する状況における公共空間の課題

　2020年初めに日本で蔓延し始めた新型コロナウイルスは、大都市の人々の動きにさまざまな変化をもたらしている。マスクによって人の表情は見えにくくなり、混雑してくる車内では三密が避けられないことから、ストレスはむしろ高まっているように見受けられる。逆に、街路では、電車やバスを避けてバイクや自転車で通勤する人が増え、スピードの出しすぎによって人身事故が増えているという報告もある。在宅ワークの広がりに伴い、電車内にいながらウェブ会議に参加する人も出てくるなど、新しい生活様式の普及によって生じる問題はこれからも増大し続けるであろう。しかし、聖なるものとしての個人への敬意が失われないかぎり、技術の発達はこれまで観察されなかった、公共空間での人々の新たな外見や仕切り空間の様式を生み出していくに違いない。

個人が聖なるものであるという観念を自覚しているか否かは別として、少なくとも我々は人前で傍若無人にふるまうことを控えようとするかぎり、見知らぬ人同士の微細であるかもしれないが何らかの敬意と品行を尊重する〈つながり〉を維持するべく無意識の努力を傾けているといえよう。そして〈つながり〉というかぎり、そこには何らかの相互の信頼性が暗示されている。関与配分やメタコミュニケーションの概念は、現代人の〈つながり〉の問題を考える際にも、「見知らぬ人同士」の微細な〈つながり〉に衰退の兆しが見えるがゆえに、また、見知らぬ人同士の自然な出会いが新たな〈つながり〉のきっかけになるがゆえに、そこに目を向けるところから出発することに意義があることを教えてくれる。その微細な〈つながり〉は、一方で、信頼性、親密性、相互依存、拘束性、支配性、持続性などの関係の質にかかわる問題を提起し、他方では、ネットワークないしコミュニティなどの社会構造的発展形態への関心を呼び起こす。

　個人相互の最低限の尊重と敬意を失わないことを現代モビリティ社会の「聖なる力」の源泉とするのであれば、ここで重要なのは、人と人の〈つながり〉は、社会構造レベルよりも、対面的相互作用過程での複雑なメカニズムによって再生産されたり無視されたり拒否されたりすることである。我々はこの時点で、「今ここで起こっていること」が、どの程度複数の現実空間での複数の対人関係を管理しながら成立しており、そこにどのような問題が生じているかについて、実態に即した認識をもつことが必要であろう。

［長田攻一］

＊本章は、長田攻一・田所承己編『〈つながる／つながらない〉の社会学』弘文堂、2008 の第 1 章（pp. 24-51）の一部を、出版社の了解を得て再構成したものである

📖 参考引用文献
ベイトソン，G.／佐藤良明訳 2000『精神の生態学』新思索社.
デュルケム，E.／古野清人訳 1991『宗教生活の原初形態（下）』岩波書店.
Elliott, A. & Urry, J. 2010 *Mobile Lives*, Routledge.

Goffman, E. 1974 *Frame Analysis: An Essay on the Organization of Experience*, Harvard University Press.

Goffman, E. 1971 *Relations in Public: Microstudies of the Public Order*, Basic Books.

ゴフマン, E. 1968『行為と演技』誠信書房.

ゴフマン, E.／石黒毅訳 2009『スティグマの社会学―烙印を押されたアイデンティティ』せりか書房.

ゴフマン, E.／丸木恵祐・本名信行訳 1980『集まりの構造―新しい日常行動論を求めて』誠信書房.

メルロ=ポンティ, M.／中島盛夫訳 1982『知覚の現象学』法政大学出版局.

Ogawa Nishiaki, Y. 2019 "Global Telepoiesis at Work : A Multi-Sited Ethnography of Media Mobilities." *Keio Communication Review*, 41：15-36.

長田攻一・坂田正顕・関三雄編 2003『現代の四国遍路』学文社.

第8章

象徴権力としてのスポーツ とジェンダー

——「体育会系」ハビトゥスに見られる
スポーツの象徴支配

① スポーツと暴力、社会化

　スポーツの歴史社会学研究を行ったノルベルト・エリアスによれば、スポーツの語源には気晴らし（disport）があり、現代におけるスポーツの意味とは異なっていた。近代オリンピックの前身にあたる古代ギリシアのオリンピュア大祭にしても、闘いの競技には時間制限もなく、死をもいとわない凄惨な闘いで、その暴力性の高い競技を人々が楽しむものであったという。古代の「ギリシア都市国家では身体的な暴力に対する制度的な促成・制御は、まだほとんど進んでいなかった」のである（Elias & Dunning 1986）。スポーツの歴史を紐解くと、戦いや暴力との関連性が高いことがわかる（井上・亀山編 1999；井上 2000）。

　しかし文明が進み 18 世紀になると、暴力を制御する価値観が上流階級から市民へと広がっていき、同時にサッカーや競馬、レスリング、テニス、クロッケット、陸上競技などが「スポーツ」として発明されて、イギリスから世界へと広がっていった（Elias & Dunning 1986）。すなわち文明化とともに、制限のない暴力行為として

のスポーツは影を潜め、かわりに暴力の抑制と制御がなされ、身体についてのあからさまな言及は嫌悪されるようになった。この背景には騎士道的精神が崇高なものとされたヨーロッパ貴族たちの歴史がある。そして近代化とともに、ヨーロッパの上級階級において、スポーツは野蛮な暴力を制御するものとして、あるいは人間の生理的な欲求や暴力を覆い隠しつつ吸収する社会装置となっていったのである。労働者の好んだフットボールも、15〜16世紀にはルールもない暴力に彩られた遊びの一つであったが、時代が下るとともに規則が作られ、身体と精神への規律訓練の道具として、また市民道徳を注入する道具となっていった。スポーツの近代化とともに、規則に則った競争主義だけでなく、規則を守る道徳性や公平性などがスポーツに注入され、スポーツが青少年の教育に用いられるようになっていった。

　ジョン・アーリらも、その著書 *Bodies of Nature* のなかで、自然としての身体は管理されていると述べる (Macnaghten & Urry 2000)。ロッククライミングやセーリング、スキーなどのスポーツは、自然そのものを相手にするスポーツではあるが、今日では時間的にも空間的にも管理された場で成立しており、自然を相手取るような印象のあるこれらのスポーツにおいても、身体の監視、身体の規制とモニタリングのモードによって、我々の身体は拘束されているという。そしてスポーツ実践は、自然との調和という理想化した過程と無関係ではなく、スポーツを通じた道徳化、あるいはエリアスのいう市民化のプロセスという意味で従順な身体をもつことが奨励され、それゆえに感情のセルフモニタリングを行い、よいマナーを身につけさせることに役立っているという。背景にある社会の近代化や産業化、情報化は、スポーツを通じた身体のあり方にも影響を及ぼしている。

　他方、柔術や剣術、弓術などを含む武道と言われる日本の伝統的な柔術各派は、近代化とともに輸入された西洋スポーツによって一時、衰退しかかったものの、近代国家の形成とともに新しい形で再

編成され、柔道や剣道等の武道として普及し、武道精神は国民意識の形成にも大きな影響を与えていった（井上 2000：56）。そしてその精神的イデオロギーは「技や技術」よりも「精神」の優位を説き、「無心」の重要性や現状肯定を導くものとして、戦争に寄与していった（井上 2000：56-61）。その考え方は西洋スポーツのもつ「楽しみ」や遊び的要素をもった個人主義・自由主義とは逆で、日本古来の武道系では「和魂」を強調し、禁欲によるストイックな精神へと心身鍛錬を行うことで、愛国と国防に寄与する軍国主義的な色合いを強めていく。その後の敗戦で、武道のスポーツ化も進むが、今でも武道的精神は高校野球やスポーツの一部に影響を与えていることも事実である。

　現代の高度消費社会におけるスポーツは、オリンピックの開催からもわかるように、国際化し、複雑な文脈のなかで構成されていく。スポーツは選手の身体実践だけの問題でなく、メディアによる報道とそれを支える高度情報技術、観衆の位置[1]、大きな資金の流れのように、複雑な要素が関わる一大イベントとなっている。

　では、現代の若者にとってスポーツの影響はどのような側面に表れるのだろうか。以下では、社会の流動性が高まり、男女平等の意識も高まっているという一般的な認識のなかにあっても、スポーツがもつイメージや若者に与える価値の伝達という点で、スポーツは新しい価値観や人間像の提示へと変容するような兆しはあまり見えないという結論になっていることの意味を、データとともに考えていただきたい。つまりスポーツに関し、以下に示す調査結果は、スポーツの近代化が進展し、価値観の多様性が増大してもなお、従来からの集団主義的で競争主義的、あるいは武道主義的なスポーツ価値はある程度温存され、ジェンダー秩序を流動化させるどころか、むしろいまだにスポーツがジェンダー秩序を再生産することに加担

---

[1]　競技の観衆は多様な形で存在する。メディアを通してのスポーツ鑑賞は一般化しているが、新型コロナウィルスの影響で、観衆の全くいないスポーツイベントが、2020 年春の高校選抜野球大会で成立した。

しているという事実を呈示することになる。スポーツの世界は保守的な価値の再生産と不可分にあると言っても過言ではない状況があり、近代において支配的なジェンダー秩序を支える価値観を、スポーツが若者に注入し再生産している可能性について、スポーツと象徴権力という視点から説明しよう。

② 象徴権力としてのスポーツ

2.1 象徴権力

象徴権力とは、フランスの社会学者であるピエール・ブルデューの使用する言葉である。これは誰でもわかるようなあからさまな権力や暴力ではなく、知らず知らずのうちに特定の（支配者に有利な）価値や支配のパターンを押し付けられ、学習することで、いつの間にか支配と非支配の関係性やその価値観の正統性を受け入れてしまう現象を意味している。

それゆえ支配されている人々も、力関係が文化的に隠蔽されているので、その関係に気がつきにくく、なにも問題はないと考えやすい。日本において男性支配という問題は、その関係性に気がつきにくく、「特に問題はない」としてかたづけられてしまう傾向があるのではないだろうか。あるいは男女は平等化しているからといった言説が多くなった現代において、支配されている本人たちも気がつかないでいる文化の権力性や暴力性という権力の存在形式がある（Bourdieu 1998）。

アーリのいう流動性の高い社会（Urry 2007）では、主体が情報や行動をみずから自由に選べるような錯覚に陥りやすいが、実際には流動化したと見える社会のなかに、構造が隠されており、それが見えにくくなっていくことをブルデューの理論は示してくれる。社会現象のどの側面をみるかという問題ではあるが、自由化したと見える現象のなかに、隠された構造や見えにくい暴力や支配があることを、スポーツを楽しむ若者の意識を中心にひも解いていくことに

しよう。

そして「スポーツ」という一つの制度が、いかにジェンダー構造を永続化させることに手を貸しているのかを、ブルデューによる象徴的支配の理論と概念、すなわち「実践（プラクティス）」「ハビトゥス」「象徴的暴力（＝象徴権力）」「象徴的利益」「知覚・評価図式」等の概念を用いて、スポーツ文化のジェンダー化とアイデンティティを中心に検討する。

2.2　なぜ男子はスポーツで、女子は文化芸術なのか？

最初に、スポーツ経験がどの程度ジェンダー差を示すのかをみておこう。わが国の子ども期から青年期の学校外活動の内容には、ジェンダー格差が存在している。母親調査[2] から、現代の子どもの学校の正規カリキュラム以外の活動についてスポーツ活動と文化芸術活動の活動率の差を示したのが図1、図2である（ベネッセ教育総合研究所 2010；片岡 2010)。スポーツ体験が男子に多いこと、女子では文化芸術体験の比率が男子よりも相対的に高くなることが明らかになっている。

成人におけるスポーツ経験とジェンダーとの関連は、2019 年に

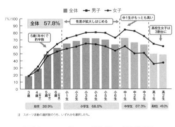

図1　スポーツ活動の活動率

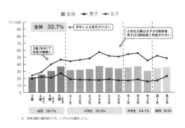

図2　芸術活動の活動率

---

[2]　ベネッセ教育総合研究所の実施した学校外教育活動に関する調査は、3 歳〜高校生の子どもをもつ母親約 1 万 5,000 名を対象として実施された全国調査であり、信頼性と代表性の高いインターネット調査である。

表1 「よく行う趣味や活動」としてのスポーツ活動実践率（2019年全国調査）

	チームスポーツをする（サッカーなど）	個人スポーツをする（水泳・ゴルフなど）	武道をする（柔道・剣道など）	格闘技をする（ボクシングなど）	ヨガ・フィットネス・ダンス	ジョギング
男性（N＝508）	13.4	22.8	3.3	1.0	8.9	15.6
女性（N＝763）	4.7	8.8	0.7	0.0	18.1	5.5
全体（N＝1271）	8.2	14.4	1.7	0.4	14.4	9.5
男女差の検定	＊＊	＊＊	＊＊	＊＊	＊＊	＊＊

＊＊ $p<.01$

実施した「文化と意識に関する全国調査」[3]でも明確である。この調査では、「よく行う趣味や活動」として他の諸活動とともに、6種類のスポーツについて質問した。表1は、全体の活動率と男女別結果であり、ジェンダー差が大きいことがわかる。

　男性の活動率が多くのスポーツ活動で高いが、ヨガ・フィットネス・ダンスに関しては、女性のほうが多い。

　次に、職業と学歴による活動率を男女に分けて検討したところ、ほとんどのスポーツ活動では社会的地位の差異が見られなかった。

　学歴や職業等の社会的地位によるスポーツ経験率の差異が小さいことは、ある意味、モビリティーズの増大する社会において、スポーツが階層的な状況から自由になりつつあることを意味しているのかもしれない。しかしジェンダー差が大きいことは、スポーツという「界」が、ジェンダーという構造からは自由ではないことを示唆している。

　男性がスポーツ嗜好で、女性は文化芸術嗜好であるのは成人でも同じである。特にハイカルチャーである正統文化活動への女性の参

---

[3]　この調査は片岡栄美が研究代表をつとめるプロジェクトが2019年に実施した「文化と意識に関する全国調査」（層化2段無作為抽出による質問紙調査）であり、母集団は18歳〜59歳の男女である。

加率は男性より高いことが、過去の全国調査から明らかにされている（片岡 2000, 2003, 2019b）。

　問題は、なぜスポーツや文化活動といった社会化経験のジェンダー差が明確に存在するのかということである。

2.3　文化定義のジェンダー化

　さまざまな文化活動やスポーツ活動に対する人々の意味付与について調査した研究（片岡 2005）によれば、「男の子にはスポーツを、女の子にはピアノなどの文化芸術活動をしてほしい」という意見が量的調査でも質的調査でも明確に示された。

　この現象を、図 3 に示す概念間の関連図式を用いて説明しよう。片岡は諸活動が示すジェンダー差の背景に、「文化定義のジェンダー化」、すなわち「日常的実践の対象である文化活動に対し、人々がジェンダー・バイアスを伴う意味付与や意味解釈を行なうこと」があると述べる。種々の文化実践が、「男らしさ」や「女らしさ」の表象として解釈されており、これが社会的な「通念（ドクサ）」となって人々に共有され、それゆえ〈自然なこと〉として一般の人々に認識されている状態にある。つまり文化への意味付与がジェンダー化しているのである。

　それゆえスポーツは男性向きの活動として「望ましい」と意味付けられ、多くの人々の知覚・評価図式＝ハビトゥスとして共有されていた。そして子育て実践の場面では、男子のほうが女子よりも子

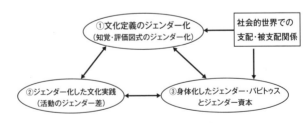

図3　概念間の関連図式
（出典：片岡(2005)で提示した概念図を一部改変し片岡(2019a)に提示）

ども時代から、スポーツ体験をより奨励され、男子の多くがスポーツの習い事や活動を体験しているのである。

言い換えれば、人々が諸活動を評価する際に作動する〈知覚・評価図式〉[4] がジェンダー化している。この「ジェンダー化した文化定義」はハビトゥスとして内面化され、多くの人々が共有する知覚・評価図式となっている。それは子ども期からの学習を通じて個々人のハビトゥスとして、あるいは集団のハビトゥスとして身体化されていく。そのひとつにジェンダー・ハビトゥスがあるが、この背後にはジェンダー化した文化定義という共有化された知覚・評価図式が存在しており、特定の文化活動のイメージをジェンダーと結びつけて拡大再生産する。そして、自らもその文化定義に基づいて実践していると考えられる。

もちろんスポーツ活動や文化活動のすべてが、ジェンダーと結び付けて解釈されることはありえないが、ある特定の活動に限って言えば、ジェンダーと強く結びついていることも事実である。たとえば、片岡（2005）が明らかにしたインタビューの事例では、次のようである（再録）。

> 「女の子にスポーツ新聞を読んでほしくない。女の子は優しく品がよく周りの人を明るくする人間になってほしい」（男性 23歳　事務　大卒）
> 「女の子には美術・絵画鑑賞をしてもらいたい。こういうのを通じて情緒豊かな人になってもらいたいから。男の子にはそういうものよりもスポーツ等を沢山して、少しの事じゃ物怖じしないような、たくましい子になってほしい」（女性 47歳　専業主婦　短大卒）

4　ブルデューによれば、知覚・評価図式とは我々が世界を構築する際に用いている分類システムであり、客観的な構造と認知的な構造図式の関係性、言い換えれば無意識的に行っているカテゴリーの対象化に使用される認知構造でもある。

2.4 カテゴリーの再生産

　ブルデューによれば、スポーツは象徴支配の実践である。つまり男性支配という象徴的暴力を体現しているのがスポーツである。ただし全種目ではなく、たとえばフィギュアスケートは女性的とみなされている。

　では、スポーツはどのように象徴的権力として、性差別に関与し、性の秩序の生産や再生産に加担しているのだろうか。

　スポーツをする行為者あるいは身体（＝主にスポーツ男子）とそれを支える文化的な女子を、生産あるいは再生産することは、ブルデューの言葉を借りれば「社会的世界を組織するカテゴリーを再生産している」ということができる。言い換えれば、それは「知覚・評価図式のカテゴリー」と「社会的なカテゴリー」の二重の意味でのカテゴリーを再生産することである。

　これはあくまで理念型としてあげているが、「スポーツ男子（スポーツをする男性）」と「文化的女子（文化的に洗練された女子）」というカテゴリーは、人々の認識図式の典型的な類型として、違和感なく理解されていく。男女差は縮小したともいわれるが、この典型例がどのくらい自明で自然に感じられるかというと、編み物や刺繍が趣味の男子や筋肉美を競う女子に対して、少なくない人々が抱くであろう漠然とした違和感がそれを示している。

2.5 男性も象徴支配の犠牲者である

　「スポーツをする男性」というのは、スポーツによってその男性的な評判すなわち男らしさや名誉といった象徴的な価値を高めている。それゆえスポーツのできる男子には、名誉と賞賛が与えられ、人気が出たり、あるいは男らしいと賞賛される。

　しかしブルデューが述べたように、男性もまた象徴的支配の犠牲者でもある。つまり「男性支配が支配者側の男性にもたらすジレンマ」（Bourdieu 1998＝2017：110）がある。

　男性の多くが子ども時代からの社会化の過程で、支配的ハビトゥ

スをもつように期待され仕向けられることによって、男性的な思考や行動を求められるからである。これは男性にとってはしばしば重荷ともなり、スポーツのできない男性、あるいは弱い男性は、男らしさとは無縁の存在として集団からの尊敬や承認を得られない、あるいは面目を失う。こうした価値判断は、人々の無意識的な価値判断基準、言い換えれば知覚・評価図式として作動する。

2.6　女子には「スポーツよりも文化芸術」の意味

　女子にスポーツがそれほど奨励されていないという調査結果が示す現実は、スポーツが女性にとって象徴的利益をあまりもたらさないからだと解釈することができる。

　つまり男性支配的な社会秩序のもとにある社会においては、非支配的なハビトゥスとそれに合致した身体をもつ女性はより賞賛されるが、その逆に男性以上に強い力と身体をもつ女性は、たとえば「霊長類最強女子」と呼ばれ、男性の性的対象とならない存在として、不名誉と嘲笑の対象にされるような現実がある。

　なぜなら男性支配の強い社会において女性の象徴的利益は、「消極的であることの美徳」であり、「自己犠牲や諦め」、優雅な身体、純潔、強くないこと、攻撃的でないことである（Bourdieu 1998）からである。そして文化的に洗練されること（文化資本）は、女性らしさの資本（ジェンダー資本）の重要な一部分となって、女性に女らしさという象徴的利益をもたらしている（片岡 2000, 2003, 2019）。

　言い換えれば「従属者としてのハビトゥスが割り当てられる女性」には、その対局のスポーツ的ハビトゥス、支配的ハビトゥスはふさわしくないと考えられるのである。

2.7　スポーツという象徴権力、象徴的支配はなぜ続くのか

　何が男性支配という象徴的暴力や象徴的支配を永続化させているかについて、ブルデューは「家庭であり、学校であり、マスコミといった諸制度である」と述べる。さらに筆者の見解として、大学と

いう〈場〉でも、学生たちは、男性支配を正当化する体育会系ハビトゥスを温存することに貢献する「体育会系」[5]というカテゴリーを作動させ、互いを弁別し、ヒエラルキーを形成していると考えている。

　この体育会系ハビトゥスが優勢となるのは体育会系部活動だけではなく、社会においては、たとえば「体育会系ハビトゥスの濃度の高い」会社や組織がある[6]。体育会系ハビトゥスの保持者は組織の生産性に寄与しているかもしれないが、同時に男性支配的で成果主義、競争主義的な組織文化や男性優位の格差構造が継続的に再生産されているともいえる。

　なお象徴的暴力の低減についてブルデューは悲観的である。一部を紹介しておこう。

　　象徴的暴力は、意志の力や努力によって解放できるものではない。……象徴的暴力を、意識と意志という武器だけで打ち負かせると信じるのは錯覚である」、「象徴的暴力は啓蒙するだけで治るようなものではない。なぜならそれはハビトゥス（性向）にもとづくものなので、性向は支配構造の産物であり支配構造に合わせて調節されている以上、女性という非支配者は、支配に対して共犯関係にある（Bourdieu 1998）。

　また女子がスポーツ男子を賞賛し、スポーツで「主役」となった男性を補助することに生きがいを覚える（女子マネージャーなど）

---

[5]　体育会系とは、大学などの課外活動における体育部（武道、格闘技系も含む）、運動部、体育関連のサークルなどの組織に所属することで培われる根性論や上下関係の厳しさ（上意下達）、年齢主義、スパルタ式訓練などを特徴とする集団主義的な価値体系をもつ人々、あるいはその価値をもつ組織を指していう。体育関連の活動をしていなくても、文化系のクラブやサークル、団体においても使用されることがある。

[6]　インターネット情報には、「体育会系な企業ランキング」というサイトのほか、体育会系企業の特徴についてのサイト（https://joblier.jp/feature/militaristic/）（2019 年 12 月アクセス）もある。

ことが多いのは（高井 2005）、女性も男性支配という象徴暴力への「共犯関係」にあるからである。スポーツと男性支配の価値観との関連については、多くの研究蓄積がある[7]。

　それではスポーツ活動は、青少年にどのような人格的影響を与えるのだろうか。以下では大学生における「体育会系」アイデンティティを分析対象とし、「自分は体育会系である」という体育会系自認が、青年期の価値観（権威主義的パーソナリティ、上昇志向、他者信頼、政治的無関心やポピュリズム、排外意識）や社交性、友人関係とどのような関連性をもつのかを、調査データから明らかにする。

③　大学生調査に見る体育会系アイデンティティ

3.1　データ

　本章で使用する調査データは、片岡が 2017 年に実施した「大学生の文化活動に関する調査」である。有効サンプル数は 383 票で、内訳は男子 179 票、女子 203 票、不明 1 票である[8]。この調査の特徴は、以下で示す価値意識や態度項目のほとんどすべての変数において、親の学歴や職業などの出身階層差が見いだせなかったことと、大学ランクによる差異もほとんどの項目で統計的に有意ではなかったことである[9]。学生の出身階層や大学間の差異が存在せず、代わりにアイデンティティ自認による差異が明確に現れた点が特徴である。

　アイデンティティ自認については、「自分は○○である」という

---

[7]　国内の代表的研究としては、西山（1998）、伊藤（1999）、多賀（2001）、羽田野（2004）、飯田・井谷編（2004）、中村（2007）などがある。

[8]　大学は全部で 5 校であり、ランク別に高偏差値大学 1 校（62.5）、中位偏差値大学 3 校（うち 1 校は地方県で偏差値 50 前後、理科系学部を 1 校含む）、やや下位偏差値の大学 1 校（偏差値 40.0）である。なお偏差値は、河合塾の 2017年版の数値に従っている。

[9]　その後、2018 年に筆者らが実施した全国大学生調査においても、学生の価値観やスポーツ実践において、親の階層差はほとんど見られなかった。

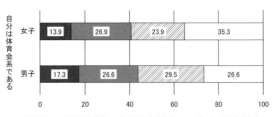

図4 「体育会系」アイデンティティ（男女差なし）

問を作成し、体育会系のほか、オタク、ストリート系、パリピ系など合計8種類のタイプにそれぞれどの程度当てはまるかを質問した（片岡 2018）。回答選択肢は、「そう思う」〜「まったくそう思わない」、「わからない」の5択からひとつを選んでもらった。

　このアイデンティティ自認に関する分析は、片岡（2018）において、象徴闘争や象徴的境界の概念を用いて詳細な分析を行っているので、そちらを参照されたい。

　体育会系を自認する学生の比率は、全体で41.6％であり、図4に示すように男女で有意な差異はなく、男子43.9％、女子40.8％が自らを体育会系と位置づけていた。また大学偏差値によっても差は生じず、大学ランクにかかわらず、ほぼ一定の率で体育会系アイデンティティをもつ学生が出現しているのである。

3.2 「体育会系」学生のハビトゥス

　どのような学生が自らを体育会系と判断するかについては、片岡（2018）がその基準を決定木分析で明らかにしている。それによれば、体育会系部活や体育会系サークルに参加していることが体育会系アイデンティティの絶対的要件ではなく、むしろ、友人関係などの関係性に表れる社交性やコミュニケーション能力と強い関連をもっていた。さらに価値観では権威主義や政治的無関心、ジェンダー意識等に強い関連性が見出された。以下では、その知見も踏まえながら、「体育会系」自認の学生のハビトゥスを明らかにする。

結論から述べると、「体育会系である」と自認する大学生は、他の学生と比較して、非常に明確な特徴が存在した。特に体育会系男子に権威主義、政治的無関心、読書文化資本の弱さ、異質な他者との交流の拒否、他者信頼の高さ、性別役割分業意識の強さ、社交性、リーダー性の高さ等が見出された。また男女で異なる価値観の傾向を示したこともあり、以下では男女別に分けて、体育会系アイデンティティの特徴を明らかにしていく。

　以下の分析では、「自分は体育会系である」という問に対し、「そう思う」「ややそう思う」と回答した学生を「体育会系」とし、「あまりそう思わない」「まったくそう思わない」「わからない」と回答した学生を「非体育会系」として2分割した。図5以降では、男女それぞれについて、体育会系と非体育会系の差異が有意かどうかをカイ二乗検定（両側検定）で検討した結果を提示した。

3.3　関係性とコミュニケーション能力

　体育会系アイデンティティをもつ学生が非体育会系学生と最も異なる特徴の一つが、人間関係の面での優位性である。調査では、友人関係を中心に、「誰とでも仲良くなれる」「親しい友人の数は多い方だ」「少人数の友人より、多方面の友人といろいろ交流する」について質問し、「あてはまる」〜「あてはまらない」の4段階で回答してもらった。

　以下に示す図では、「あてはまる」と「少しあてはまる」の回答合計を男女およびタイプ別に表示している。

　友人関係や人間関係の活発さ（図5, 図6）において、体育会系は非体育会系に比べて有意に高い。また図7に示す、「多方面の友人と交流する」という点では、男子で体育会系の53.3％が肯定したが、非体育会系ではわずかに16.8％のみが肯定しており、多様な人間関係を結ぶことができるのが、体育会系男子の特徴であることがわかる。しかし女子ではその差が有意でなかった。

　以上から、体育会系アイデンティティをもつ者は社交性が高く、

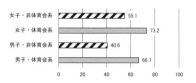

図5　誰とでもすぐに仲良くなれる
（女子 p＜.01、男子＜.001）

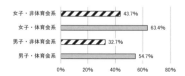

図6　親しい友人の数は多い方だ
（女子 p＜.01、男子 p＜.01）

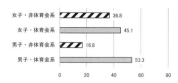

図7　少数の友人より、多方面の友人といろいろ交流する
（女子 n.s.、男子 p＜.001）

人間関係を良好に保つコミュニケーション能力に優れていると推測することができる。

3.4　非民主的価値：ジェンダー意識、権威主義、伝統主義

　体育会系アイデンティティをもつ学生は、（非）民主的価値観に対してどのような態度を示すのだろうか。昨今のスポーツ業界におけるハラスメントや暴力行為を容認することへの告発が続いている背景に、スポーツの世界にはいまだに他と比べても、非民主的で古い価値観である伝統主義、権威主義、性役割分業観を肯定する素地が根強くあるのではないだろうか。

　図8は、ジェンダー意識のなかでも伝統的な価値観を表す、性別

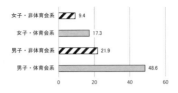

図8　性役割分業（女子 n.s.、男子 p＜.001）
一家の経済は、男性が責任をもつべきである

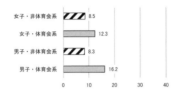

図9　家事分担（女子 n.s.、男子 p＜.05）
共働きでも、家事は女性が主に分担するべきだ

役割分業観（一家の経済は男性が責任をもつべきである）への肯定率
を表している。非体育会系よりも体育会系、女子より男子が性役割
分業を肯定していることが明らかとなっている。体育会系男子の肯
定率は 48.6％、男子・非体育会系 21.9％、女子・体育会系 17.3％、
女子・非体育会系 9.4％と大きな差がある。男子の体育会系アイデ
ンティティはこの性役割分業観と強く結びついていることがわか
る。また図 9 は家事分担意識であり、「共働きでも、家事は女性が
主に分担するべきだ」を肯定する比率である。ここでも体育会系ア
イデンティティをもつ男子学生の肯定率が有意に高いが、女子では
有意な差はない。

　図 10 は、権威主義の一つである「権威がある人々にはつねに敬
意を払わなければならない」への肯定率を示す。ここでも男子・体
育会系のみが、有意に高い肯定率（男子体育会系 42.7％＞男子非体育
会系 24.7％、p<.05）を示している。コーチや監督といったスポーツ
指導者のみならず、権威に対して従順であるのが体育会系アイデン
ティティを構成する重要な要素であることがわかる。

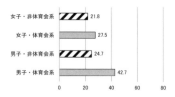

図10　権威ある人への敬意（女子 n.s.、男子 p＜.05）
権威ある人々にはつねに敬意を払わなければならない

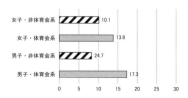

図11　伝統主義（女子 n.s.、男子 p＜.01）
以前からなされてきたやり方を守ることが、最上の結果を生む

　図11は、権威主義の要素の一つである「伝統主義」（以前からな
されてきたやり方を守ることが、最上の結果を生む）である。女子で
は有意差は生じなかったが、男子では体育会系アイデンティティ保
持者ほど高い肯定率（17.3％）を示し、男子・非体育会系（8.2％）
の倍以上である。

　以上から、非民主的価値は、男子体育会系アイデンティティ保持
者において最も強く内面化されていることが明らかになった。女子
体育会系は、権威主義の程度は男子ほど高くはないが、性役割分業
を受け入れる比率がやや高く、たとえば女子マネージャーのような
存在への肯定にもつながっていくのではないだろうか。

3.5　リーダー性、競争意識、上昇志向

　体育会系アイデンティティをもつ者は、集団の中の支配的ハビ
トゥスをもち、集団内でリーダーとなり、勢力面で優位な立場にあ
るのではないだろうか。

　まずリーダー性については、「クラス・サークル等の団体の中で、

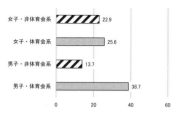

図12　リーダー性（女子 n.s.、男子 p＜.001）
クラス・サークル等の団体の中でリーダーシップを発揮する

リーダーシップを発揮する」かどうかを問うた。図12が示すように、男子で体育会系が集団内でリーダー性を発揮している（男子体育会系38.7％＞男子非体育会系13.7％）ことが明らかである。女子では体育会系アイデンティティはリーダー性とはほとんど関連をもたない。

　また競争主義的価値も体育会系アイデンティティを構成する要素であり、図13に示すように男女ともに、体育会系アイデンティティを示す者ほど「他人との競争に勝つことは重要だと思う」を肯定している（男子体育会系78.8％＞女子体育会系62.2％＞非体育会系男子56.8％＞非体育会系女子44.9％）。ここでも女子より男子のほうが、肯定率は高い。

　上昇志向（上の地位をめざしたい）でも図14に示すように、男子体育会系では70.7％が上昇志向であり、男子非体育会系44.2％と数値は大きく異なっている。女子も同様の傾向にあり（女子体育会系

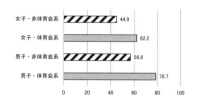

図13　競争主義（女子 p＜.05、男子 p＜.01）
他人との競争に勝つことは重要だと思う

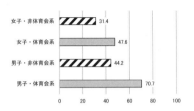

図 14　上昇志向（女子 p＜.05、男子 p＜.001）
上の地位をめざしたい

47.6%＞女子非体育会系 31.4%）、体育会系アイデンティティをもつ
者は上昇志向が強いといえる。

　以上をまとめると、体育会系アイデンティティをもつ者は、競争
志向で上の地位をめざす上昇志向のタイプであることがわかる。同
時にリーダーシップも発揮していることから、学生集団のなかでは
積極的で支配的な地位にあると考えられる。この調査では権力の視
点から分析できないが、2018 年に実施した大学生調査では、体育
会系アイデンティティをもつ学生の学生集団内での力関係における
地位（7 段階自己評価）は他のタイプと比較すると中の上あたりに
位置しており、平均よりやや上の位置にあることがわかっている。

3.6　政治的無関心とマスコミへの信頼

　体育会系を自認する学生は、どの程度、政治的な事柄に関心をもっ
ているだろうか。またマスコミやテレビの情報への信頼度はどの程
度であろうか。後者の問題は、ポピュリズムとの関連性で考察する
ことができる。

　政治に対する意識としては、「政治のことは難しいので、理解で
きなくてもよい」（政治的無関心）と「政治に熱を入れるよりも自分
の仕事に精を出した方が良い」（政治より自分の仕事中心）の 2 項目
について尋ねた。政治的無関心に関する結果は図 15 に示す通りで
あり、男女ともに体育会系を自認する者の肯定率が有意に高かった。
なかでも体育会系男子は 20.0%が肯定しているが、非体育会系男子

図15　政治的無関心（女子 p ＜ .10　男子 p ＜ .05）
政治のことは難しいので、理解できなくてもよい

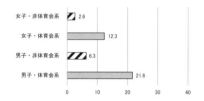

図16　マスコミ情報への信頼（女子 p ＜ .05, 男子 p ＜ .001）
日本のマスコミやテレビの情報は信頼できる

では 7.2％で約 3 倍の開きがある。

　図 16 では、テレビやマスコミ情報への信頼は、男子体育会系で最も高くなることが明らかである。制度への信頼が高いとも推測できる。

　以上をまとめると、体育会系とは、政治や社会への関心が相対的に低く、政治のことを考えるよりも、自分の所属する組織や集団での役割を重視して、かつそこでの権威関係を重視しながら、社会に疑いをあまりもつことなく生きるタイプであることがわかる。

3.7　他者信頼と異質な他者への排他性

　他者への信頼感については、ソーシャル・キャピタルの要素でもある一般的信頼（generalized trust）についての質問を行った（Putnam 1993, 2000）。一般的信頼の質問として、「ほとんどの人は信頼できる」への回答を比較した結果が図 17 である。男子の場合、体育会系と非体育会系で大きな差があり、男子体育会系であれば、その 44.6％が他者への一般的信頼を示したが、男子非体育会系では 18.8％と少

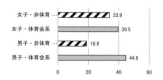

図17　他者信頼（女子 n.s. 男子 p ＜ .001）
ほとんどの人は信頼できる

なかった。女子では体育会系であることで有意な差は生じていな
かった。

　男子の体育会系で他者信頼が強いということは、スポーツを通じ
て互いに切磋琢磨する関係性、あるいはチームで勝利をめざすとき
に相互の信頼がなければ達成できないというスポーツ文化とも関連
していると考えられる。スポーツ体験やスポーツ文化に関わる経験
が、若者の他者信頼を醸成するのかどうかについては、ここでは推
測の域を出ないが、その可能性を強く示唆する興味深い結果である
といえよう。

　次に「異質な他者への排他性」については、かつて片岡（2009）
が「お受験」親の特徴として指摘した際に作成した質問項目を使用
した。それは「価値観や考え方の合わない人とは、付き合いたくな
い」という質問であり、全体では約4割の学生がこの意見を肯定し
ている（図18）。しかしそのなかでも、特に男子体育会系の学生が、
かなり高い比率（56.8%）で肯定しており、異質な他者への排他性
が高いという結果を示したことは、特筆すべきことであろう。

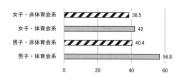

図18　異質な他者への排他性（女子 n.s. 男子 p ＜ .01）
価値観や考え方の合わない人とは、付き合いたくない

なぜなら最も「他者への一般的信頼」が高い男子体育会系において、同時に異質な他者への排他性が示されるからである。

　数土（2013）によれば、一般的信頼は民主主義の度合の高い社会と低い社会の両極端においてその比率が高くなるという。民主度の高い社会では、人々はリスクを引き受けながらも公正感覚に基づき、他者を信頼する。しかし民主度の低い社会では、権威主義に依拠しながら、リスクを回避するタイプの信頼が多くなるという。

　この知見を今回の結果に重ね合わせて考察すると、先にみたように権威に従順な体育会系アイデンティティをもつ学生では、みずからが所属する集団やそのメンバーへの信頼は高く、その所属集団は伝統主義や権威主義に彩られた社会界である。ジェンダー意識にも反映されていたように、体育会系アイデンティティを自認する学生たちに共通する特質は、古い体質の文化を生きていること、言い換えれば、体育会系とは民主度の低い界に所属し、集団的で文化的な同質性も求められる集団にいる。そのなかで、リスクを回避しつつ、権威主義的であることで他者への信頼は高くなるのではないだろうか。このように一般的他者への信頼の高さと異質な他者への排他性の両方が同時に存在する点が、体育会系を表す特徴といえるだろう。

3.8　体育会系アイデンティティと文化資本

　体育会系を自認する学生は、そうでない学生と比べて文化資本（cultural capital）の面で差異があるのだろうか。文化資本とはブルデューが提案した概念である（Bourdieu 1979,1986）。

　ここでの仮説としては、体育会系を自認する学生は、文化資本において劣位にあるのではないかということである。スポーツ嗜好と芸術文化嗜好が両立する場合もあるだろうが、もしスポーツによる象徴的支配を受け入れた者が、すでにみてきたように男性支配的であり、権威主義的パーソナリティをもちやすいとすれば、これは女性が好む傾向が高い芸術文化への嗜好性を減じる方向に働くのではないかという解釈ができる。すなわち片岡（1996, 2003, 2006）が

論じたように、女性の場合、文化資本を用いた社会的上昇移動や再生産が行われる傾向があるからである。女らしさの資本として文化的であることが望まれるとすれば、スポーツ嗜好の男性ほど、文化芸術的な活動や読書活動には積極的ではないという仮説が成り立つ。

読書の頻度と蔵書数から読書文化資本について、男女別・体育会系の有無別に検討した結果、男子では体育会系アイデンティティ保持者と非保持者で、読書頻度に有意な差は生じなかった。しかし女子では、有意な関連があり、体育会系を自認する女子学生の50%が「ふだんまったく本を読まない」と回答し、非体育会系自認の女子29.4%より多かった[10]。蔵書数については、体育会系と非体育会系で男女ともに差異があり、0〜5冊と最も少ない蔵書数の者の比率は、男子体育会系の43.4%に対し、男子非体育会系が35.1%と低い。さらに女子体育会系では49.4%が0〜5冊の蔵書数で、女子非体育会系では34.5%であった。

このことから、体育会系を自認する学生の蔵書数は少なく、読書経験も低いことが推測できる。

3.9 体育会系ハビトゥスとは何か

本稿では、体育会系アイデンティティをもつ学生について複数の側面から特徴をみてきた。それは体育会系アイデンティティを構成している要素、すなわち「体育会系」学生のアイデンティティ・キットとは何なのかという問題である（片岡 2018）。

男子で体育会系アイデンティティの保持者は、保守的なジェンダー意識をもつことで男性支配的価値を強くもっていた。さらに、権威に従順で権威主義的価値観や伝統重視の価値観をより強くもっている。そして政治的な問題には無関心を示す傾向が強いが、権力志向については、集団のなかでリーダー性を発揮しており、かつ上

---

[10]　本節の結果の詳細は、片岡（2019a）を参照のこと。

をめざすという上昇志向な価値観や競争意識も強い。男子体育会系アイデンティティ保持者ほど、権力志向であるいえよう。

　また男女ともに体育会系アイデンティティ保持者に共通しているのは、友人の数が多いことと、誰とでもすぐに仲良くなれるという社交性にあった。また男子体育会系ほど、多方面の友人と交流するという「柔軟なハビトゥス」が見られ、コミュニケーション能力も高い。そしてこの友人関係の多方向性こそが、男子において体育会系と非体育会系のアイデンティティ自認を分ける大きなポイントでもある（片岡 2018）。

　他方で彼らは、価値観や考え方の合わない人とは付き合いたくないという異質な他者への排他性を示すことで、内集団と外集団を区別してもいる。

　おそらくスポーツ集団のなかでは、このような保守的価値観をもつことで、集団的同質性が保たれ、同時に互いを信頼しあう関係性が保たれていると思われる。しかし外集団との関係や異なる価値観をもつ人々への配慮や理解という点では、相対的に乏しい水準にあるということもいえる。

　これらのことを総合して考えるならば、男子の体育会系アイデンティティ保持者とは、極めて日本的な集団主義のなかで、男性優位の支配を正当とみなし、権力を志向する傾向があるといえよう。彼らは上位の者への服従を示すことで、権威や権力を正当化しやすい。さらに性善説にたち人を信頼し（結果略）、マスコミ権力や社会制度への信頼も高く、それを疑うことは少ない。それゆえ、社会制度の矛盾や問題点に気がつきにくいという「ナイーブな（naïve）」価値観の持ち主が最も多いという特徴を示した。ある意味、日本の保守層を体現するようなハビトゥスをもっているといえるだろう。

　男子体育会系は、このように大学生集団のなかで、比較的高いリーダー性を発揮し、パワーという点では支配的な位置にあると推測できる。しかし他の学生と比べて、男子体育会系自認の学生たちの文化資本は決して高くはなく、かつ支配的な体制や社会的権威を疑う

ことがあまりないという点で、他の文化資本の高いサブカル系やオタク、ストリート系などと一線を画しているのである。

また今回は分析の対象としていないが、同じデータで「オタク」や「ストリート系」「知性派」を自認する男子学生の多くが体育会系とは異なる卓越化戦略をとっていた。片岡（2018）によれば、ストリート系や知性派など文化資本が相対的に高い集団と体育会系の間で、集団内での権力（リーダー）をめぐって、学生間での象徴闘争が行われているという。体育会系自認の者は、スポーツ経験をもとに獲得した権威主義的価値や男性支配的な価値観をもって、その象徴闘争に参加しているということができるだろう。

体育会系自認の大学生が、現在の日本のスポーツ界に体現されているような権威主義と男性支配的価値、保守主義を強く持ち、コミュニケーション能力を武器にして、集団内で一定の優勢な立場の一翼にあることは、彼らが将来所属する組織での支配的な位置につくことを予想しての予期的社会化なのか、それとも単にそのように社会化されてきただけということなのかは、判別がしにくいが、おそらく両方が妥当するのではないだろうか。　　　　　　　　　　　　　［片岡栄美］

＊本章は、学術振興会科学研究費補助金、基盤研究（B）代表 片岡栄美（平成29年度〜31年度）、課題番号 17H02597 の研究成果の一部である。

📖 参考引用文献

ベネッセ教育総合研究所 2009『第1回 学校外教育活動に関する調査 2009（データブック）』.

Bourdieu, P. 1979 *La distinction: Critique sociale du judgement*, Minuit.（石井洋二郎訳 1990『ディスタンクシオン—社会的判断力批判』I-II, 藤原書店.）

Bourdieu, P. 1986 "The Forms of Capital." In Richardson, J. G. ed., *Handbook of Theory and Research for the Sociology of Education*, Westport Greenwood, pp. 241-258.

Bourdieu, P. 1998 *La Domination Masculine*, Editons du Seuil.（坂本さやか・坂本浩也訳 2017『男性支配』藤原書店.）

Elias, N. & Dunning, E. 1986 *Quest for Excitement: Sport and Leisure in the Civilizing Process*, Basil Blackwell.（大平章訳 1995『スポーツと文明化—興奮の探求』法政大学出版局.）

エリアス, N. 1986「スポーツと暴力」桑田彰訳, 栗原彬ほか編『身体の政治

技術』社会と社会学 第3巻, 新評論.

羽田野慶子 2004「〈身体的な男性優位〉神話はなぜ維持されるのか—スポーツ実践とジェンダーの再生産」『教育社会学研究』75：105-125.

飯田貴子・井谷惠子編 2004『スポーツ・ジェンダー学への招待』明石書店.

井上俊 2000『スポーツと芸術の社会学』世界思想社.

井上俊・亀山佳明編 1999『スポーツ文化を学ぶ人のために』世界思想社.

伊藤公男 1999「スポーツとジェンダー」井上俊・亀山佳明編『スポーツ文化を学ぶ人のために』世界思想社.

片岡栄美［1996］2000「ジェンダー・ハビトゥスの再生産とジェンダー資本」宮崎和夫・米川英樹編『現代社会と教育の視点』ミネルヴァ書房.

片岡栄美 2000「文化的寛容性と象徴的境界—現代の文化資本と階層再生産」今田高俊編『社会階層のポストモダン』日本の階層システム5, 東京大学出版会, pp. 181-220.

片岡栄美 2003「「大衆文化社会」の文化的再生産—階層再生産、文化の再生産とジェンダー構造のリンケージ」宮島喬・石井洋二郎編『文化の権力—反射するブルデュー』藤原書店.

片岡栄美 2005「文化定義のジェンダー化に関する研究—言説からみる文化活動への意味付与と性役割意識」『関東学院大学人文科学研究所報』29：65-85.

片岡栄美 2009「格差社会と小・中学受験—受験を通じた社会の閉鎖、リスク回避, 異質な他者への寛容性」『家族社会学研究』21(1)：30-44.

片岡栄美 2010「子どものスポーツ・芸術活動の規程要因—親から子どもへの文化の相続と社会化格差」学校外教育活動に関する調査報告書—幼児から高校生のいる家庭を対象に（解説・提言編）, 『研究所報』Benesse 教育研究開発センター編, 58：10-24.

片岡栄美 2018「大学生の自己アイデンティティと象徴的境界の基準—体育会系、オタク系、ストリート系等の関係性マッピング」『駒澤社会学研究』51：1-43.

片岡栄美 2019a「象徴権力としてのスポーツと「体育会系」アイデンティティの特徴—ブルデュー理論からみた男性支配と体育会系ハビトゥス」『スポーツとジェンダー研究』17：49-63.

片岡栄美 2019b『趣味の社会学—文化・階層・ジェンダー』青弓社.

Macnaghten, P. & Urry, J. eds. 2000 *Bodies of Nature*, Sage.

中村晋介 2007「「体育会系」女子学生のジェンダー観—「大学生の市ポーツ・価値観に関する調査」より」『社会分析』34：111-128.

西山哲郎 1998「遊ぶ—スポーツがつくる『らしさ』」伊藤公男・牟田和恵編『ジェンダーで学ぶ社会学』世界思想社.

Putnam, R. D. 1993 *Making Democracy Work: Civic Traditions in Modern Italy*, Princeton University Press.（河田潤一訳 2001『哲学する民主主義』NTT出版.）

Putnam, R. D. 2000 *Bowling Alone: The Collapse and Revival of American Community*, Simon and Schuster.（柴内康文訳 2006『孤独なボウリング—米国コミュニティの崩壊と再生』柏書房.）

パットナム, R. D.／芝内康文訳 2017『われらの子ども—米国における機会格

　　差の拡大』創元社（原著 2015）.

数土直紀 2013『信頼にいたらない世界—権威主義から公正へ』勁草書房.

多賀太 2001『男性のジェンダー形成』東洋館出版社.

高井昌史 2005『女子マネージャーの誕生とメディア—スポーツ文化における
　　ジェンダー形成』ミネルヴァ書房.

Urry, J. 2003 *Global Complexity*, Polity.（吉原直樹監訳 2014『グローバルな複雑
　　性』法政大学出版局.）

Urry, J. 2007 *Mobilities*, Polity.（吉原直樹・伊藤嘉高訳 2015『モビリティーズ—
　　移動の社会学』作品社.）

第9章

死別の悲嘆が開くネットワーク
—— グリーフケアと動く場のスピリチュアリティ

1 不在の他者のリアリティ

1.1 実在の他者と不在の他者の間

　死者は不在だが実在している。本書第1章でも論じられたように、「不在」というのは、物理的な時間空間上の限定された「今ここ」にいないということだが、人々の行動を構成するネットワークのなかでは、しっかり「実在」している。ある時代の合理主義的（〈物神事実〉崇拝的な）な学知では（ラトゥール 2009=2017）、死者は「不在」であって、「実在」するというのは宗教的信念か、想像や記憶において「ある」ものにすぎないと考えられた。「事実」と「観念」が堅固に区別できるととらえたのだ。時間空間上の特定時点と特定地点に「生きている生者」は事実として実在し、「生きていた死者」は観念上記憶上にあるにすぎないということだ。

　波平恵美子の『日本人の死のかたち—伝統儀礼から靖国まで』(2004) には、40歳になって日本に住み着いたラフカディオ・ハーン（小泉八雲 1850-1904）が、日本人が祖先を実在として遇することに強い関心を寄せたことが記されている。「祖先崇拝の思想」と

いう一文（小泉 1975）によると、ハーンは松江の中学校の生徒が、英語の作文のなかで自分たちの先祖をあたかも生きているかのように書くことを奇妙に思い、その英文を訂正した。たとえば、「祖先に敬意をはらう」という生徒の表現は、祖先をまるで生きている人間であるかのように表していて英語としておかしい。そこで「祖先の記憶に敬意をはらう」とするのが正しい、と教えたという（前掲 p. 36）。

　ハーンの頭のなかには、死者は実在しない、実在するのは死者の記憶のみだ、という強い信念が存在したようだ。他方、20 世紀も終わりに近くアメリカの市民が作詞したという「千の風になって」という歌があり、2000 年代になって日本でも広まった（新井 2003）。死者が生者に語りかける歌詞が多くの人々の心に響くものだった。これは日本でも英語圏の社会でも同様だった。ハーンの時代に英語を母国語とする西洋人は、死者は実在しないという強固な信念をもっていたが、その後、それは薄れてきたのではないか。〈物神事実〉崇拝の変遷に関わる興味深い例といえるだろう。

1.2　モビリティーズが動かす社会における「不在の実在」

　だが、モビリティーズが駆動させる社会(Society on the Move)（アーリ 2007＝2015）への変化が進むにつれて、物理的な時間空間上の「実在」と「連関」や「つながり」の上で「ある」こととの相違は、さほど明確ではなくなってきている。さまざまな距離をもって不確かにつながることの多い現存の他者と、ある時期まで親しい交わりがあり今も現存者に強く影響を及ぼしている他者では、どちらが社会的な作用力が大きいか。言うまでもなく後者だろう。だが、近代文化は死者の実在性を軽んじて、生者と死者の交わる行為領域を「迷信」とみなすことも多く、そうでなくても「信仰」に基づくものとして「合理的な行為」の領域の外に置きがちだった。これは生の現実に即していない。

　20 世紀の最後の 20 年ほどの間に、このような近代的な偏りを是

正するかのように、死者との交わりを取り戻そうとする動きが広がっているようだ。グリーフケアと呼ばれるような営みは、こうした動きをよく表すものだ。日本では災害や事故・事件の犠牲者をめぐって、慰霊・追悼や死者を思い起こすさまざまな行為や出来事について話題になることが増えている。それらのなかには、かつての宗教的な実践や観念が織り込まれることが少なくない。宗教復興、宗教的なものの回帰と見て良い側面も確かにある。

　だが、「目に見えないもの」「五感を超えた何か」を想定する様態は大きく変化している。「不在の実在」がどのように表象されるか、また「不在の実在」によって媒介される関係のあり方も大きく変化している。宗教からグリーフケアへの展開を探ることは、「不在の実在」の表象とそれをめぐる関係のあり方の変化を経験的に記述することにもつながるはずである。

② 死者との交流の後退とグリーフケアの台頭

2.1 泣くのがへたになった日本人

　日本人はかつてよく哭いた。死別した他者によびかけるように哭いた。酒井正子『奄美・沖縄 哭きうたの民族誌』(2005) を読むと、そのことがよくわかる。たとえば、伊豆大島ではかつて近親の女たちが泣く習慣があり、野辺の送りで死者を葬る際、棺にすがって泣く人もあったという。「ヨーオイオイ」という号泣のフシにのせて、たとえば次のような歌詞で歌った。「〜」じるしは泣くことを示すものだ。

　　　ヤーレ　だんなっこは行くだなヨ〜〜　ヨーイヨーイ
　　　ヤレ　　おどが置いて行くだがヨーヨー
　　　ヤーレ　だんなさま　え〜〜　ヨーイヨーイヨーイ

　これは 20 世紀の後半に、野口啓吉によって長期にわたる現地調

査によって書き取られたものだ。

『奄美・沖縄 哭きうたの民族誌』は、奄美諸島や沖縄諸島の琉球
弧の島々ではこうした「哭きうた」が近年まで行われていたことを、
著者の長年に及ぶフィールドワークに基づく豊かな資料によって示
している。だが、その「哭きうた」も今ではかろうじて伝承されて
いるにすぎない。多くの地域では伝承者がいなくなっている状況だ。

2.2 柳田國男の「涕泣史談」

近年になって日本人はあまり泣かなくなった。すでに1941年に
行われた講演で、柳田國男は日本人は悲しみを表現するのがへたに
なったという趣旨のことを述べている（柳田 1968）。

「……二十歳の夏、友人と二人で、渥美半島の和地の大山へ登ら
うとして、麓の村の民家で草履をはきかへて居たら……婆さんが一
人、近くよつて来て色々の事を尋ねる。何処の者だ、飯は食つたか
だの、親は有るかだのと謂つて居るうちに、わしの孫もおまへさん
のやうな息子であつた、東京へ行つて死んでしまつたといふかと思
ふと、びつくりする様な声を揚げて、真正面で泣き出した。あの皺
だらけの顔だけは、永遠に記憶から消え去らない」（前掲 p. 334）。

柳田が思い起こしているのは1890年代のことである。渥美半島
のいなかで、山歩きのために訪問してきた若い自分たちを見て、亡
くなった自分の息子のことを思い出し、自らの深い悲嘆を隠しもし
なかったこのお婆さんのことを、柳田は敬意をもって記憶している。
柳田に学んだ民俗学者の千葉徳爾によると、これは当時の軍部や当
局が戦死した軍人の遺族に対して「泣くな、喜べ」と強要していた
ことへの批判が込められたものだという（千葉 1991）。

「涕泣史談」には、昔の人々のほうが、他者の悲嘆を受け入れよ
うとする、開かれた心をもっていたという考えが埋め込まれてい
る。現代人は人前で声をあげて泣くようなことをめったにしない。
上品であり、慎み深いのかもしれないが、他者に対して警戒してい
るようでもある。悲しみを露わにしたとき知らん顔をされたら、悲

しんでいる人はさらに傷つく。他者が自分の悲嘆に共鳴してくれることを期待できない状況では、人は心を開いて泣くこともできない。

　東日本大震災の後しばらくの間は、多くの日本人が悲嘆を分かち合おうとする姿勢を大事にしていた。人を助けようとする気持ちも広まっていて、多くの人が東北地方の現地までボランティアに出かけた。災害直後は広い範囲の人々の連帯の気持ちが高まり、悲嘆の共同性を信じることができるようになる。しかし、悲嘆の共同性は次第に後退していく。記憶が薄れるにつれて、またそれぞれ自分自身の、あるいは仲間内の関心事に没頭していくようになる。

2.3　悲嘆を分かち合うのが困難な現代社会

　共同の悲嘆をいつまでも覚えていて、表出し続けるのは困難だ。そういえば、昨今は無残な事故や事件、あるいはテロが繰り返される。まったく罪がない人たちが犠牲になり、人々が悲嘆にくれるような出来事が毎日のように報道される。その現場に花束を捧げたいと多くの人が感じるような事柄だ。しかし、それも長続きしない。

　一方、家族・親族の血縁や地縁で悲嘆を分かち合う場も縮小している。お通夜や葬儀、あるいは四十九日や三回忌などの法事に集まる人も少なくなっている。お盆の行事も簡素化され、家族そろってお墓まいりに行くという機会も減っているようだ。悲嘆をともにする伝統的な儀礼の様式が後退しているように見える。皆が忙しいことを知っているなどの理由で、遠慮もあるし、費用もむだなように思えて簡素化するのだが、結果として生者と死者の、また生き残った者たち同士の情の通い合う場面が乏しくなっている。配偶者が亡くなり、孤独からの出口が見つからない高齢者も増えている。「おひとりさま」は取り残されたまま、後を追うことだけにしか希望をもてない人も多い。

2.4　グリーフケアの理論と運動

　では、人々は悲嘆を個々人の胸のうちにしまっておくことができ

るのだろうか。心のうちに閉じ込められた悲嘆が病的な反応に至ることに注目したのは ジークムント・フロイト だった。1917 年に書いた「喪とメランコリー」という論文で、フロイトは愛する人の喪失がもたらす悲嘆がうつ病（メランコリー）に似た症状を示すことに注目した。遺された人は失われた対象への自らの愛憎の感情をとらえ返し、新たな生の課題へと気持ちを向き変えていくための「喪の仕事」を心のなかで進めなくてはいけない。それがとどこおることで心の病も生じかねない。

　以後、精神医学や臨床心理学の領域でグリーフケアの理論が展開され、対面的なケアの臨床実践が進められるようになる。臨床的な場面でのグリーフケアはすでに一世紀にも及ぶ歴史をもつ。

　「グリーフ」とは、深い悲しみ、悲嘆、苦悩を示す言葉だ。さまざまな「喪失」、すなわち自分にとって大切な人やものや事柄を失うことによって起こるもので、何らかの喪失によってグリーフを感じるのは自然なことだ。世界保健機関（WHO）は「健康」に身体的、心理的、社会的な面とともにスピリチュアルな面があると定義した。グリーフケアとはスピリチュアルな領域に力点があるケアである。さまざまな「喪失」を体験し、グリーフを抱えた人々に心を寄せ、寄り添い、ありのままに受け入れ、その人々が立ち直り、自立し、成長し、そして希望をもつことができるように支援する取り組みである。

　だが、20 世紀の最後の四半世紀になって、ホスピス運動を主軸とする死生学の運動が広まるなかで、新たにさまざまなグリーフケアの集いが立ち上がるようになってきた。アメリカ合衆国ではオレゴン州のダギーセンターがよく知られている。ダギーセンターは親やきょうだいなどを喪った子どもたちのグリーフケアの施設である。子どもたちが悲嘆を表現し分かち合える場を育ててきている。日本からダギーセンターに学びにいった人々も多い。

③ 日本のグリーフケアの集い

3.1 グリーフケアの集いの広がり

　日本では、21世紀に入ってグリーフケアを行うことを主目的とする集いが各地で行われるようになっている。グリーフケアということを強く意識して行われた先駆的な集いに、1988年に発足した「ちいさな風の会」がある。これは、教育学を修得し、アメリカのミネソタ大学でホスピスケアなどについて学び、グリーフケアの集いについても学んだ経験がある若林一美（2018年まで立教女学院大学学長）が中心となって始められたものである（若林1994；「子を亡くした親の「止まり木に」「ちいさな風の会」30年」『朝日新聞』2018年12月31日付）。

　その年の1月から若林は『毎日新聞』に連載記事を書いていたが、その頃、1年ほど小児病院に通い続けていたことから、子どもの死に関する記事が多かった。この記事の読者たちから子どもを失った親の会をつくれないだろうかという声が寄せられ、全国から13人が集まって準備会がもたれた。一時は会員が200名を超え、「ひとり子との死別」「事故や事件の被害者」「自死した子の親の会」などの分科会も開かれた。『死別の悲しみを超えて』の本文の末尾で、若林は「「ちいさな風の会」の活動を通して学び合ったのは、まさに苦しんでいる時「共にある」ことの大切さであったように思う」と述べている。

3.2 多様なグリーフケアの集い

　「ちいさな風の会」より少し遅れるが、子どもを失った親の会は21世紀に入って急速に増えてきている。その多くは同じ種類の悲嘆を分かち合う、限られた人々の集いである。2019年9月段階で「天使がくれた出会いネットワーク」のホームページを訪れると、「ここは、流産・死産・新生児死亡などで子どもを亡くした家族のための自助グループを結ぶ、ネットワークサイトです」と記されて

おり、「現在、14団体が参加し、交流や情報交換をしています」とも書かれている。リンクが張ってある団体が北海道から沖縄まで全国を七つの地域に分けて列記されており、「関東地域」では「お空の天使パパ＆ママの会」「天使の保護者ルカの会」「WITH ゆう」「わたぼうしの会」「天使のブティック」「天使ママの会横浜」「天使ママの会よこすか」「NPO法人　SIDS家族の会」の名が見出される。「NPO法人　SIDS家族の会」は全国各地のリンク先があげられている他、「WITH ゆう」など二つ以上の地域のリンク先がある団体もある。

　若林氏は「事故や事件の被害者」「自死した子の親の会」をもあげていたが、これらに限定された集いも21世紀に入って各地に広がっている。この種の悲嘆に早く注目した書物に、A. デーケン・柳田邦男編『〈突然の死〉とグリーフケア』(1997) がある。アルフォンス・デーケンは1982年に上智大学で「生と死を考えるセミナー」を開いたが、その聴講者が集うようになり、翌年、「生と死を考える会」が発足した。この集いは大きな反響を呼び、1996年の段階で東京の会員は1,500人を超え、全国35か所で「生と死を考える会」の集いが開かれるようになっていた。そこに集まる人々のなかには、死別の悲嘆を抱える方々も多く、「生と死を考える会」にはグリーフケアの集いの側面が少なくない場合もあったと考えられる。

　「生と死を考える会」は毎年、「生と死を考えるセミナー」を開いているが、1995年度のテーマが「突然の死—心の傷への理解と対応」、97年度のテーマが「遺された人々へのグリーフケア—伴侶を失った後の生き方」だった。『〈突然の死〉とグリーフケア』はこの2回分の講演記録に加筆編集したものだ。この書物の冒頭には、1995年に『犠牲（サクリファイス）わが息子・脳死の11日』を刊行した柳田邦男の「私の場合、その自己分析—序にかえて」という文章が寄せられている。『犠牲（サクリファイス）わが息子・脳死の11日』は自死遺族や希死念慮のある人々を含め、多くの読者に熱烈に歓迎された書物だが、グリーフケアの書物といってもよいだろ

う。90 年代にはグリーフケアの集いが広がっていく下地はできていたことがわかる。

3.3　事故や事件の被害者とグリーフケア

　若林もふれており、デーケン・柳田の編著でも念頭に置かれていた、「事故や事件の被害者」の集いについて知ることは、グリーフケアの歴史を考える上で重要だ。この主題はさらに、「戦争や災害による死者」たちの慰霊・追悼の集いについて考えることにもつながっていく。これは集合的な悲嘆と個人的な悲嘆、またそれらに対するケアを関連づけて考えていくことにもなる。

　上智大学のグリーフケア研究所は、2005 年の JR 西日本の福知山線の脱線事故がきっかけとなって発足した。それに先立つ 1995 年の阪神・淡路大震災の記憶も関西の人々の心に残っていたこと、関東では 2011 年の東日本大震災によって、「グリーフケア」の語が急速に広まるようになったことは推測が容易である。「リスク社会」という用語が広まった時期と、グリーフケアへの関心が広まった時期は重なり合っている。

　1980 年代の「事故や事件の被害者」ということで思い起こされるのは、1985 年 8 月の日本航空ジャンボ機の墜落事故である。乗客乗員あわせて 520 人が群馬県上野村の御巣鷹山で死亡した事故だが、その記念日である 8 月 12 日は今も遺族が山に登り慰霊・追悼を行う情景がテレビに映し出される。残骸となった機体とともに、多くは原型を留めぬ遺体が発見された現地には、その後、「御巣鷹山慰霊碑（昇魂之碑）」や「慰霊の園」が設置され、遺族が悲嘆の念を新たにする場となっている（美谷島 2010；西村 2015）。

　このように御巣鷹山が悲嘆を分かち合う儀礼と祈りの場となるについては、多くの遺族が加わって 1985 年 12 月 20 日に設立された「8.12 連絡会」の働きが大きかった。

3.4 日航機墜落事故と 8.12 連絡会

「8.12 連絡会」のホームページには、2019 年の今も 1985 年 12 月 20 日に群馬教育会館の集いで採択された「8.12 連絡会の趣旨「空の安全」を求めて」が掲載されている。

> 8 月 12 日の日航機事故から 4 ヶ月がすぎた今、私達遺族は手を取合って立上がることを決意いたしました。
>
> 　私達が手を取合うことができるのは、私達の最愛の人達が、あの死の前の無念と苦痛の時間を一つの空間で共有したという事実と、残された者同士が、その悲しみ、怒り、悔しさを共感できるという認識があるからです。その強い絆で支え合いながら、私達は、この事故の示唆するところを世に広く問いかけていきたいと考えています。
>
> 　この連絡会の目的は、遺族相互で励まし合い、助け合い、一緒に霊を慰めていくことです。また、事故原因の究明を促進させ、今後の公共輸送機関の安全性を厳しく追究していくことです。私たちは、あの忌まわしい出来事が繰返されないために、世界の 空が安全になることを心より願って行動を起こしました。

この会は当初から、事故原因の究明と「空の安全」を求めるという目標と遺族自身の相互ケアとを合わせて目標としていたことがわかる。この 8.12 連絡会が強い結束を維持できた大きな理由は、事故原因の究明と「空の安全」を求めるという明確な目標があったことによるだろう。だが、時が経つにつれて、8.12 連絡会の存在意義は遺族相互の交わりを通じた悲嘆の分かち合いにあることが明らかになっていったようだ。そのことは、当初から 8.12 連絡会の事務局長を務めてきた美谷島邦子の語りに示されている。

3.5　一人ひとりの悲しみがつながっていく

　美谷島は 9 歳の次男、美谷島健を事故で失った。

　　午後 6 時 12 分に離陸した 123 便の機影を見えなくなるまで見
　　送り、家に戻ったその途端、JAL123 便の機影が消えた」とい
　　うテロップが NHK のテレビニュースで流れた。慌てて片手に
　　握った搭乗案内の「123 便ちびっこ VIP」の文字を見て心が凍
　　る。「まちがいない、123 便」。すぐに空港に夫と引き返した。
　　しかし、空港では情報が得られず、やむをえずすぐにまた、自
　　宅へ戻る。その途中、ラジオは「山中で煙をみた」と告げてい
　　た。自宅に戻ってからは、ニュースを聞くのが恐ろしくて、布
　　団をかぶり、耳を塞ぎ震えた。門の外に出て健の姿を探し、「健
　　ちゃーん、どこにいるのー」と言いながら夜道を走りまわった
　　（美谷島 2010：14）。

　美谷島はそのときから 2 度と会えなくなった健に会えるような気
がして御巣鷹山に登り、年に 5、6 回にも及んだという。御巣鷹山
に登ることは美谷島にとって祈りの行のようなものだったといえる
だろう。この祈りの行は美谷島夫妻だけが行っているものではない。
多くの遺族たちがともに活動しながら、祈りの行をともにする過程
があった。そして、それは悲嘆を分かち合うことの奥深い意義を知っ
ていくことでもあった。美谷島はこう述べている。

　　「さよなら」もないまま、健は一人で茜空に消えた。以来、私は、
　　空を見上げるのが苦手だ。その母の悲しみを書きとめてきた。
　　そうしているうちに、同じ事故で亡くなった 520 人のお母さん
　　の存在が、日に日に大きくなっていった。一人ひとりのお母さ
　　んの悲しみが、つながっていった（前掲：8）。

　以下の箇所では、事務局長としての世話仕事を「雑務」とよびな

がら、美谷島はグリーフケアの本来的な意義について述べているように思える。

　　その雑務をしながら知ったことがある。「喪の悲しみは、乗り越えるものではない。人は悲しみに向き合い、悲しみと同化して、亡くなった人とともに生きていく」ということを。
　　25年の間、御巣鷹山は、多くの人々の願いを受け止め、つなげ、目には見えないけど忘れてはいけないものを残してくれた。私たちは、「人はつながって生きる」ことを肌で感じた（前掲：9）。

　美谷島がこのような自覚に至る過程と、日本におけるグリーフケアが地に根を下ろしていく過程はほぼ重なりあっているようだ。

④　死者が人々を関係づける

4.1　宗教・心理学・スピリチュアリティ
　イギリス社会での調査を踏まえ、宗教儀礼や宗教的死生観を通して死別の悲しみに向き合うことが次第に困難になっていくことを論じたジェフリー・ゴーラーの『死と悲しみの社会学』（1965）が刊行された時期は、宗教社会学では世俗化論の全盛期だった。ピーター・バーガーが『聖なる天蓋』（1967）で近代化に伴う世俗化を必然的なものとして論じた時期と重なっている。近代社会では宗教は後退していき、非宗教的で科学的合理主義と合致する世俗文化が広まっていくと考えられていた。
　心の痛みに対しても、かつては宗教がそれに応じていたとすれば、新たな世俗的な心理学に基づく心理療法がこれに応じていくと考えられていた。死別の悲嘆などの心の痛みに対しても、フロイトの精神分析を源流として、悲嘆の要因や悲嘆の心理について調査研究や理論的考察が進み、宗教から心理学へのそれに応じるものの変

化が進んでいくととらえられていた。この段階ではグリーフケアといっても、精神科診療や心理臨床の枠内の事柄であり、宗教が関わる側面はなお残っているにしても、次第に後退していくものと考えられていた。ゴーラーの書物もそのような思潮のなかでまとめられたものだった。

　ところが、欧米社会ではこの時期にすでにカウンター・カルチャー（対抗文化）が動き始めており、西洋の若者がインドや東アジアの精神文化に引き寄せられる事態が生じていた。ビートルズはその良い例である。1970年代に入ると、アメリカではニューエイジ運動とよばれるような、宗教ではないスピリチュアリティを求める運動が広がっていった。また、同じ頃に欧米社会ではホスピス運動や死生学運動が起こってくる。死に向きあって既成の宗教伝統の信仰や儀礼のあり方からはそれた、しかしスピリチュアルな対応を求める動きである。英語圏ではそこで問われる新たな領域を、「死・死の過程・死別（Death, Dying and Bereavement）」と呼ぶことが多かった。これらは宗教伝統の枠内でのスピリチュアリティを超える「新しいスピリチュアリティ」の興隆といえる（島薗 1996, 2007, 2012）。

4.2　新しいスピリチュアリティとグリーフケア

　こうした新しいスピリチュアリティは、ポストモダン、あるいは後期近代的な特徴を備えている。新しいスピリチュアリティは、近代以前および近代の宗教集団のように堅固な共同性をもつことがない。多くの人々が「大きな物語」を共有することがなく、集団的な儀礼に参与して反復的に共有感情をもつこともない。同一のスピリチュアリティに参与する人々は、ネットワークのような「弱い絆」でつながっていて、それは長期に及ぶ持続性をもたない。いくつもの思想や実践に参与したり、それらを渡り歩いているような人も多い。

　新しいスピリチュアリティでは「救い」よりも「癒し」が求められることが多い。心理療法や身体技法などさまざまな手法を学習し、

それによって痛みを癒していこうとする。気功、ヨーガ、瞑想法、ユング心理学、トランスパーソナル心理学など、専門家や熟達者の指導の下に、癒し・回復・生の充実に向けての実践が行われていく。これらは宗教のある種の要素を用いていることが多いが、宗教のように体系的な世界観や儀礼体系の受け入れを求めるわけではない。「宗教集団に属する」という意識をもつわけでもない。実践者同士は緩やかなネットワークを保っているにすぎない。

　ところが、少し遅れて「癒し」よりも「痛み」を媒介とするスピリチュアリティの様式が広がっていく。典型的にはアルコホリック・アノニマス（AA）だが、依存症という困難な精神的な病をともに耐えていくための集いである。もちろん癒されていくことも期待されていくが、むしろ「痛みとともに生きていく」ために支え合うという性格が強い。「私たちはアルコールに対して無力であることを自覚した」「大いなる力が、私たちを正気に戻してくれると考えるようになった」などの認識を確認していく「12 ステップ」の認識共有が基盤となる。アルコール依存症以外の領域にも広がっていき、さまざまなセルフヘルプ（自助）グループが成立していった。AA は 1930 年代に成立したが、諸グループはアメリカでは 1980 年代以降に、日本では 90 年代以降に急速に広がっていった。

4.3　グリーフケアと動く場のスピリチュアリティ

　一対一の臨床としてのグリーフケアは早くから行われていたが、グリーフケアの場をもつことは、日本ではさらに 10 年ほど遅れて広まり始めた新しいスピリチュアリティの様式である。ここでも「痛み」の分かち合いが重要である。「小さな風の会」や「8.12 連絡会」はそのような痛みの分かち合いの場が立ち上がってくる事例だった。悲嘆は深い心の痛みで WHO などの「痛み（ペイン）」の捉え方によれば「スピリチュアルペイン」に属する。

　悲嘆のようなスピリチュアルペインを収める文化的な器として、宗教や地域の伝承文化の機能が落ちてきた。「哭きうた」が機能す

る濃密な共同体はもはや存在しない。ゴーラーが 1960 年代にとら
えた大きな変化はその後も続いていった。だが、世俗化がとめどな
く進行するというわけではない。その後、スピリチュアルペインを
受け止める新たな様式が展開してきている。一つには「癒し」を志
向するスピリチュアリティであり、次に自助グループのスピリチュ
アリティである。これらはいずれも社会の個人化を反映しており、
個人が自由度を著しく制限されて「所属」するような拘束性をもた
ない。ネットワーク的な関係、移動性を前提とした関係を基盤とす
る。だが、そこでも権威をもつ専門家がいたり、痛みの範囲に強い
限定が付されていたりして、関係の枠組みには制限がある。

　これに対して、日本では 21 世紀に入って広がりつつあるグリー
フケアは「動く場（society on the move）」を特徴とする。何よりも
分かち合いが生じる場を形づくることに力点が置かれる。もちろん
まったく固定的な内容や限定がないわけではないが、「癒し」のス
ピリチュアリティや自助グループのスピリチュアリティに比べても
さらに流動的であり、「動く場」という特徴が際立ってきている。
スピリチュアリティの歴史という側面から見ると、現代のグリーフ
ケアはその不定形性と流動性において、新たな段階に入ったものと
見ることができる。

4.4　宗教・死者・スピリチュアリティ

　こうしたグリーフケアの「動く場」において人々を結びつけてい
るのは、エミール・デュルケム（1912）が想定したような「社会と
しての神」であろうか。むしろ、より「実在者」に近い「不在者」
である。デュルケムが考えたような全体社会の統合に関わる「神」
とは異なる次元で、「死者」が人々をつなぐ役割を果たしている。デュ
ルケムが前提としたような共同体としての全体社会の「統合」も、「全
体としての先祖や死者集合体」と結びつくことがあった。だが、現
代の死者たちは「全体としての先祖や死者集合体」として現れると
は限らない。むしろ多様なネットワークに対応した死者たちとして

現出することが多い。

　だが、グリーフケアにおいては、異なる意味で「見えない何か」が関わってもいる。それは死や悲嘆をめぐる問いの彼方に現れるものである。そこでは、伝統的な宗教の諸資源や哲学や心理学などの近代的学知の諸資源がさまざまに動員される。それ自身モビリティの高い文化的諸資源とそれに関わる人間の内面的諸資源が概念化を求められていて、しばしばスピリチュアリティとよばれているというのが現状であろう。

　2019年遅くの中国に始まる新型コロナウイルス感染症（COVID-19）のパンデミックは、死や悲嘆をめぐる状況を大きく変えている。死にゆく者の最期に立ち会えない、また死に向かう日々をともにできないケースが世界各地で多発した。また、死別の儀礼も同様で、日本でも大都市ではまともに葬儀を行えない例が少なくなかった。

　このように「弔い」や「別れ」の儀礼や儀礼的行動が行えなくなったことは、「不在」の集合的確認をいっそうしにくくしている。人々は不確かな喪失を抱え込むことになり、死者との新たな絆の形、すなわち「不在の実在」を確かめる形をもこれまで以上にもちにくくなっていると想像される。グリーフケアが必要になる事情がいちだんと強まったといえるだろう。

　だが、オンラインではない対面での集いがもちにくいことは、儀礼と比べれば柔軟に行えるグリーフケアにとっても厳しい状況だ。こうした事情を反映して、新たな集合的な追悼の形も芽生えているようだ。医療・介護従事者やエッセンシャルワーカーの死を悼む行動などがその例だ。今後、グリーフケアの「動く場」はさらに展開を早めていくことが予想される。　　　　　　　　　［島薗　進］

▉\ 参考引用文献
新井満 2003『千の風になって』講談社.
バーガー, P. L.／薗田稔訳 1979『聖なる天蓋』新曜社（原著 1967）.
千葉徳爾 1991『柳田國男を読む』東京堂出版.

デーケン，A.・柳田邦男編 1997『〈突然の死〉とグリーフケア』春秋社．

デュルケム，É 1941-42『宗教生活の原初形態（上・下）』岩波文庫（原著 1912）．

フロイト，S.／井村恒郎ほか訳 1970「喪とメランコリー」『フロイト著作集6』人文書院（原著 1917）．

ゴーラー，G.／宇都宮輝夫訳 1986『死と悲しみの社会学』ヨルダン社（原著 1965）．

小泉八雲 1975『東の国から・心』恒文社．

ラトゥール，B.／荒金直人訳 2017『近代の〈物神事実〉崇拝について―ならびに「聖像衝突」』以文社（原著 2009）．

美谷島邦子 2010『御巣鷹山と生きる―日航機墜落事故遺族の25年』新潮社．

波平恵美子 2004『日本人の死のかたち―伝統儀礼から靖国まで』朝日新聞社．

西村匡史 2015『悲しみを抱きしめて』御巣鷹・日航機墜落事故の30年』講談社．

酒井正子 2005『奄美・沖縄 哭きうたの民族誌』小学館．

島薗進 1996『精神世界のゆくえ』東京堂出版（秋山書店 2007）．

島薗進 2007『スピリチュアリティの興隆』岩波書店．

島薗進 2012『現代宗教とスピリチュアリティ』弘文堂．

島薗進 2019『ともに悲嘆を生きる―グリーフケアの歴史と文化』朝日新聞出版．

島薗進・鎌田東二・佐久間庸和 2019『グリーフケアの時代―「喪失の悲しみ」に寄り添う』弘文堂．

アーリ，J.／吉原直樹・伊藤嘉高訳 2015『モビリティーズ―移動の社会学』作品社（原著 2007）．

若林一美 1994『死別の悲しみを超えて』岩波書店（岩波現代文庫 2000）．

柳田邦男 1995『犠牲（サクリファイス）わが息子・脳死の11日』文藝春秋．

柳田國男 1968「涕泣史談」『定本柳田國男集』第七巻，筑摩書房．

第10章

グローバル化と
戦争のディスクール
―― 日本人女性ディアスポラの言説における
時間-空間の再編成

① モビリティーズにおけるグローバルな時間-空間の再編成

　本章で扱うのは、グローバル化による記憶のモビリティーズとその衝突、そしてコロナ禍でも顕在化している「極限状況」における人間のふるまいについてである。「グローバル・ナショナル・ローカル」といった用語に端的に示されているように、グローバル化をめぐる従来の議論においては、さまざまなスケールにおける社会的な空間の再編成が中心となってきた。本来、「グローバル化」の定義そのものが、「社会における時間-空間の再編成」を意味していた。しかし、実際の分析対象は、地球規模の社会変容を連想させる「空間」的な側面、あるいは、実際の地理的な場所に限定され、「時間」的な側面は軽視されてきた。

　そういった流れの反動ともいうべきか、ここにきて、「時間」研究があらたな動きをみせている。第一に、現代社会理論の分野における動きである。半分おざなりにされてかけていた「時間」の研究に一石を投じたのが、バーバラ・アダム（Adam 1990, 1995）の比較社会学的な研究だとすれば、アンソニー・ギデンズら（Beck, Giddens & Lash 1994）は、グローバル化における伝統と集合的記憶との関係を論じている。また、デヴィッド・ハーヴェイ（Harvey 1994）は、時間-空間の収縮における社会的・主観的な側面をますます強調しつつある。これらの一連の諸考察によって、まさに、「時間」「空間」の両者を統合した「時間-空間」分析（Friedland & Boden 1994；Lash & Urry 1994；Urry 1995）のあらたな局面が切り開かれつつあるといえよう。

　第二の潮流は、実際の社会現象、そして、我々がよってたつ「現在」の思想史的な位置づけをめぐる諸考察と不可分である。特に、第二次世界大戦終戦50周年をはじめとするさまざまな記念行事が世界各地で催され、さらにそれが世界各地で異なった視点から報道され、さまざまな記憶の再構築が行われたことである。これらはユダヤ人大虐殺（Friedlander & Seligman 1994）、湾岸戦争（Friedland & Boden 1994）、原子爆弾投下（米山 1995）など、まさに人類史上、類をみない人工的な大量殺戮の数々を回顧し、再考する機会となった。このように、グローバルなコミュニケーション環境において、人・もの・情報のみならず、「戦争の記憶」――一見、普遍的に見えながら実はお互いに矛盾する――が越境することによって、異なった主体の間での認識のギャップが露呈したといえよう。すなわち、特定の事件を、グローバルな時間に位置づける際、異なった主体のもつローカルな知識が、文字通り衝突するのである。

　たとえば、第二次世界大戦に関して、アメリカでは、「パール・ハーバー」、いわゆる日本による真珠湾攻撃が取り沙汰されるのに対し、日本で思い出されるのは、「ヒロシマ・ナガサキ」という被爆体験であろう（油井 1995；Dower 1994；Dockrill 1944）。イギリスの場合には、対日戦争体験といえば、ビルマなどの地で日本と交戦した「極東戦線」、そして、香港・シンガポールなどの植民地から脱出をはかった一般市民の抑留も含めた「捕虜経験」と考えられる。だが、日本側にしてみれば、対米における「原爆」に値するほど、イギリスに対して、明確な戦争の記憶は思い当らない。香港の場合は、3

年 8 か月にわたる「日本による占領」があげられる。だが、日本にしてみれば、香港に対する戦争イメージもまた、曖昧なものであろう。

　本章では、グローバル化研究におけるキー概念である「時間-空間の再編成」を、言説 (ディスクール) の視点から探り、モビリティーズ研究に貢献しようとするものである。それは、筆者が従来通り取り組んできた日常生活における行為分析にみる時間-空間の再編成をめぐる一連のエスノグラフィ (民族誌) 的研究 (小川 1994a, 1994b, 1995) と相補的な意味をもつ。すなわち、グローバライゼーションというマクロな社会変動のなかで、ローカルな場所で当然視されていた相互知識や常識をもつ主体がどのように対応していくのか考察することである。特に、ここでは、日本人女性ディアスポラを対象に、「戦争」をめぐるディスクールとそれを語る主体のストラテジーをあきらかにしたい。メディアをめぐって「いま-ここ」と、それとはかけ離れた「時間-空間」が再編成されていく方略をみることで、最も普遍的なものと最も特殊なものが瞬時に交錯するモビリティーズをみることができるだろう。

② ディアスポラとエスニック／ジェンダー・アイデンティティのあいだ

　すでに本書第 4 章で詳述したように、筆者は海外在住日本人女性のアイデンティティを考察するうえで、『*Tenko* (点呼)』というイギリスとオーストラリア共同制作により人気を博したドラマ・シリーズの視聴を中心とする比較研究を行ってきた (小川 1994a, 1994b)。それに先立ち、この番組制作者 (二人の女性脚本家と一人の捕虜経験をもつ番組アドバイザー) のインタビューに基づき、ある仮説を作成した。すなわち、それは、*Tenko* を観た日本人女性たちは、アイデンティフィケーションの対象として、次の二つのうち、どちらかを選ぶのではないか、というものである。すなわち、ジェンダー

を同じくするイギリス人女性捕虜たちか、エスニシティを同じくする日本軍男性かという選択である。このテレビドラマは、原作、脚本家といった制作者側と俳優の両方において女性が多く関わる作品として「女性ジャンル（female genre）」に区分される。また、閉鎖空間におけるレズビアン感情や異人種間の愛憎関係にも言及していることで、メディア・コミュニケーション研究においても先駆的なシリーズと評価されている。ゆえに、女性を対象とするこの調査の視聴素材としては最適と判断された（Baehr & Dyer 1987）。

　しかし、実際に調査してみると、日本人女性ディアスポラたちは、どちらにも自己同一化しているようでもあり、どちらにもアイデンティファイしていないようでもあった。なぜなら、彼女たちの語る言説のなかでは、エスニシティとジェンダーという二つの（潜在的な）アイデンティティの宿り場が脱構築されてしまっているように見えたからである。

③　言説における「極限状況」という時間-空間の「脱埋め込み（disembedding）」

　ここでは、日本人女性ディアスポラの言説のなかで見られた「時間-空間の再編成」というストラテジーのうち、最も一般的と思える二つの方略の記述と考察を行うことにしよう。第一に、滞在地、年齢にかかわらず驚くべき頻度で使われたのは、メディア言説から自分たちが読み取った状況を「極限状況、極限状態」ということばで一括りにし、それを、メディアをみて話をしている主体自身がおかれた状況からは、引き離して表現するというストラテジーであった。

　ここでは、四人で行ったディスカッション（筆者も含めると五人）に参加した二人の女性（調査当時ロンドン在住）の言説を引用したい。場所は参加者の方のうち一人の自宅の居間で、時間はビデオ視聴直後からお茶を飲むために中断するまで、話は続けられた（テープC）。

Aさん：あの、まず最初は、そうですね、一番大きくは、10回シリーズの1回だけ（10回連続ドラマの第9話、筆者注）ということで部分的なのでございますけれど、あのー、今までに、たとえば、日本の戦争中のたとえば、キャンプ（捕虜収容所、筆者注）の様子を知ろうとか、それから、その当時の日本の軍部の考え方を知ろうとか、そういうことはあまり関係がないような番組で、そうではなくて、ある極限状態で、イギリス人が、どういうふうに一人一人が、その一人一人の性格を基盤にして、どう対処していくか。たとえば、困ったときにはどうするか、それからあのパニッシュメント（刑罰、筆者注）を受けている人に対してどうするかとか、そういうことっていうのはあまり戦争、あの第二次世界大戦の、しかもアジアのどこかの島でって、日本のキャンプでって、そういうこととは……ただたまたま場面設定がそうだったんであって、一つの人間ドラマ、たまたまそこに設定を置いたという、そういう番組なんだなあと思いましたけど。それがまず第一印象（ロンドン集団ディスカッションテープC、トランスクリプト1頁、13-26行）。

Dさん：（途中略）でも観てみましたら、わりとヒューマニティーというか、人間性に非常に焦点を与えたドラマであって、あの、さっき極限状態という言葉が出ましたけど、つまり特殊なシチュエーションに人間が置かれたら、それが日本人であれ、イギリス人であれ、オランダ人であれ、何人であれ、たぶん人間一人一人がこういう行動をするんではないか、Aさんはこういう行動をし、Bさんはこういう行動をし、Cさんはこういう行動をし、Dさんはこういう行動をすると、そういうところに焦点を当てているという。これ（この番組、筆者注）に関してはですよ、他をちょっと知りませんが、これに関してはそういうヒューマニティー、人間性に、人間の心理とか、人間のいろんな、あの、心のヒダとか、影とか、そういうものにあの、焦点

を当てているドラマだと思いました。だから、そういう意味で
は端的に言えばですね、ロビンソン・クルーソーであり、他に
その、たとえば離れ島にですね、あのポンと置いて行かれたあ
の人間の話というのは、もう本当に古今東西、あの、昔からい
ろんなストーリーもあり、小説もあり、極限状態で人間の心理
というものを普通の、正常よりは変わっていくとか、ある部分
だけが強調されるとか、それから、あの、いろんな極限状態に
押し詰め（追い詰め、筆者注）られたときに変わっていくもん
ですけれども、そういう普遍的な何かを追求しているドラマで
あって、必ずしも残虐性とか、あの、人間、または、一言で言
えば日本人の冷たさとか、そういうことよりも全体的に人間と
いうことに目を当てているから、それはそれなりに私は大変共
感を持って観ました（後半略）（ロンドン集団ディスカッションテー
プD、トランスクリプト 4-5 頁、135-170 行）。

　ここで想定されている「極限状況」とは、そもそもなにか。以下
にあげる二人の社会学者たちは、それを最も突き詰めた形である「強
制収容所」の意味について考察を行っている。女性たちの言説を考
える手がかりを得るために、二つの概念把握を見てゆこう。
　第一の把握は、近代におけるユダヤ人大虐殺の意味を検討したジ
グムント・バウマンによるものである。彼は、ホロコーストについ
ての彼自身のイメージがどのように変わったかを次のように述べて
いる。はじめは、きちんと額縁に入れられ壁にかけられた絵であり、
それだけが飾り付けられた部屋のなかで異質な雰囲気をもつように
見えた。しかし、実はそれは外の世界をのぞく窓であった。この窓
とは、それがなければ、家の外の世界に広がる悲惨な光景を目にす
ることはできないようなものであった。目をそむけたくなるような
光景だが、それだけに我々はこれを見据えなければならないのだと
彼は述べている（Bauman 1989：vii-viii）。
　第二に、ギデンズの把握（Giddens 1984：61）をみておこう。ブルー

ノ・ベッテルハイムの強制収容所の考察を引用しながら、彼は、「極限状況（critical situations）」を次のように定義している。すなわち、「多くの個人に影響を与えるような、予測もつかないような種類の、根源的な分断の諸状況（circumstances of radical disjuncture）、制度化されたルーティーンのもつ確かさを脅かしたり、破壊したりする諸状態」（前掲）であるという。さらに述べているように、「強制収容所の経験とは、単なる抑留ではなく、日常生活という慣れ親しんだ形態が極端に分断される点が特徴的である。その分断は、次のような要素が原因となっている。すなわち、容赦ない生存状況、収容所の監視員から与えられる絶え間ない脅威や実際の暴力行為、食料やその他の生命維持のための基本的な要素の供給が欠乏することなどである」（前掲、以上にすべて邦訳筆者）。

　先ほどからグループディスカッションにおいて女性たちがしばしば言及していた「極限状況」とは、そもそもどのような時間-空間なのか。この問題を考える補足的なイメージを社会学者の二つの考察における共通項が与えてくれるだろう。それは、ひとことでいえば、「剥奪（deprivation）の時間-空間」である。すなわち、自由の剥脱、権利の剥奪、生きるための欲求の剥奪、身体感覚の剥脱、人間性の剥脱、なによりも日常生活のルーティーンの剥脱が特徴となろう。『Tenko』という番組に関するさまざまな資料のなかでも、「剥奪」という概念が、ドラマのなかで描かれた状況を形容する共通認識となっている。要するに、女性たちの言説ストラテジーに見られた「極限状況」とは、「戦争」と「強制収容所」という二つの概念を包含し、社会学や社会思想の対象ともなるような、きわめて普遍的な時間-空間であるといえよう。

④ 言説における「極限状況」の「再埋め込み (reembedding)」とエージェンシーによる「時間-空間」移動

　第二に特徴的なのは、ひとまず「脱埋め込み」された「極限状況という時間-空間」が「メディア／対面コミュニケーションの時間-空間（いま-ここ）」、「日常生活の時間-空間」などと結びつけられてゆく方略である。それは、「自分の経験する時間-空間」「メディアの時間-空間」や「身近な戦争経験者から聞いたストーリーの時間-空間」というほかの時間-空間を経由することによってなされてゆく。

　ここで、同じくロンドンで、さきほどの例（テープ C）の数か月後に、異なるメンバー（筆者を含めて五人）によって行った集団ディスカッション（テープ D、トランスクリプト約 24 頁、約 880 行）を表 1 に示した。以下では、これを参照してみよう。おおざっぱにいうと、そこに至る議論の流れは、次のようなものであった。すなわち、「内容や事実関係についての質疑応答」から「全体的な印象」への移行である。

　この「全体的な印象」のところから、「戦争の時間-空間」と「日常の時間-空間」について、「昔の日本における捕虜観」「ヨーロッパにおける捕虜観」「ドイツと日本の対比」「日本人の外国人コンプレックスと優越感」「現在のフィリピン人移民労働者に対する日本の態度」などの論点がだされる。その後、「子供が通うイギリスの学校」「人種の多様性」とあわせて、「で、なんか話が飛躍しちゃってあれなんだけど」（テープ D、トランスクリプト 4 頁、122-123 行）というフレーズのあとで、「日本の学校におけるいじめ」「日本の新聞におけるいじめの話題」「イギリスの学校のおおらかさ」「オランダの幼稚園のおおらかさ」「海外学校における日本人同士でのいじめ」「いじめと個人尊重」といった「日常の時間-空間」が語られる。それから、「だけど戦争のときなんかもみてみると」（6 頁、192 行）

筆者　ピーターという方は？

A
幕むらのほうに降りてきたの。何か納屋かどこかにね。だからいっぱい降りてきたから皆探すんですって。でもそれはこのイギリスですよ、ピーターも言うわね。ここにドイツ兵がいっぱい降りてきたんだって。そんなときに、皆ナイフやね、フォークを持ってね、主婦が箸かなんか持ったというか、それはまあ日本人だけではないよね。だけど……。

この近くにいるの。

よく聞きました。

B
正当防衛、やられるには、自分の身を守らなくちゃやらないというのでね。もう何というか、常識を越えるちゃってあれなんだと思うんですよ。

戦争という状態自体が。

C
そうね。

親とか、おじいちゃんとか、おばあちゃらやんとか、そういう方から戦争の話を聞きますか。と言うか……。

うちの父は今年ちょっとでになったやつなんですけど、だけど絶対間か されないんですよ。誰がんかには話が貫通した跡とか、いろいろあるし、すごいいやっぱ青春の時代を過ごしてすかったことがすごくあったのか、全く言わないって。私も子供のときは聞けずに、今度今は自分が子供を持ったり、あるいは平和にこういてからちょっと考えるようになって、本当は真実を知らなくてはならないんじゃないかと思って、聞きたいなというときに、あるときにはもうこのやつたりしてるんですよね。

だから、いや、過酷な戦地に行かれたというのは一切聞いたことがらないとか、あるいはもう何と言うか青春17、8でもう仲間ですごい楽しい、戦争は半分から だけれども……。

D

筆者	A	B	C	D
	まあそうね。		同期の桜というか……。	
	うんうん。		そういうのがすごくあれで、ものすごくしゃべる方もいるんですよね。お友達に実際に聞いて。	
			で、自分が学生なり、結婚したとかいうのはまではあまり戦争のことっていうのは触れない。昔も話してくれなかったし、触れないふうにしていていうか、今頃パッとこういう事実をこういうふうにしていたんだとか、天皇がなくなったときにBBCで。	
	やっていましたね。		もうテレビに映ってくるのは全部、この何というか、残虐な、虐殺とかそういう場面ばかりでしたよね。だから、えーって。そのとき英語で初めて、えーって聞いてショックみたいのがあって、首さんのほうはどうなのかなと思ったりもした。	
		……	もちろん場所によって、いろいろね、こういう虐殺、も違うし、自分の経験し、ニュー番最前線にまたあれ。特攻隊とかまた全然違うあんでしょうけど。いやあ、なにしろもう一度と戦争はしてほしくないというのがすごく実感というか、自分たちの子孫、子供たちの時代にも。	
	そうね。			
	だからあいうふうに、たとえば簡単に殺すのも戦争だから殺すよね。殺される側にも家族がね。あって、同じ思いをしているんだよね。でも、なくないですし、戦争というのは。この地球上で絶えず……		知らないで。だけど、今、イギリス人は忘れてはならないという考え方ですよね。子供たちにも……。	

302
303
304
305
306
307
308
309
310
311
312
313
314
315
316
317
318
319
320
321
322
323
324
325
326
327
328
329
330
331
332
333
334
335
336
337
338

表1 ロンドン集団ディスカッションのトランスクリプト（テーマD）

のフレーズを機に、「読者が自分の戦争経験を語る『テーマ戦争』」
という朝日新聞の連載投稿記事のなかの話題」によって、「戦争の
時間-空間」にまた戻ってくる。

　さらに、「『テーマ戦争』をみた朝日新聞が日本で読んだものか、
イギリスに送られてくる衛星版かについてのやりとり」のあとで、
Ａさんが「日本で勤めていた時代に地元の上司から聞いた戦争時に
エピソード」の話を導入し、「空や海からの侵略を阻止するための
地元民の工夫」について、「鎖国による影響」「情報不足による無理
解」「日本の西洋人コンプレックスと単一民族説」などの解釈がな
される。

　以上のように、言説のなかでは、「過去」「現在」「未来」、または、
「真理」「真実」「事実」「現実」「経験」についての知識が、ある程
度普遍的な法則的状況から個人の印象に至るさまざまなレベルで、
重層的に参照されている。だが、そこにおいては、少なくても下に
示した図１にまとめたような異なる時間-空間が想定されていると
考えられる。

　筆者は、グローバル化においてはサステイナビリティとノンリニ

・いま-ここ

・日本の各メディアの時間-空間　　　　・自分の体験のストーリーの時間-空間

（日本の映画　　　　　　　　　　・滞在地の各メディアの時間-空間
　テレビドラマ
　　ドキュメンタリー
　　　ニュース
　　　新聞）

　　　　　　　　　　　・滞在地の知人・身内から聞いたストーリーの時間-空間

　　　　　　　　　　　・滞在地の戦争体験者から聞いたストーリーの時間-空間

・戦争体験者（自分の身内）から聞いたストーリーの時間-空間

・ほかの戦争についてのストーリーの時間-空間

　・戦争の時間-空間

　・極限状況の時間-空間　　　　　　　　・日常生活の時間-空間

図１　言説における時間-空間の再編成

アリティという異なった要素が「絡みあう」現象が見られると論じてきた（小川［西秋］2007）。これまで本節で論じてきた部分の直後における女性たちの言説においても、表1に見られるように内容面では平和や地球、人類の持続可能性が語られる一方、形式面では非線形であり、異なったポジションが断続的に連なっていく。

　このように、発話者である日本人女性ディアスポラたちは、自分たち自身が「空間」を移動するように、異なった「時間」のあいだをもめぐってゆく。そのなかで、「極限状況」の「脱埋め込み」と「再埋め込み」が、「いまーここ」や「日常生活も含めたさまざまな「時間-空間」を交えてなされてゆくのだといえよう。言説を分析対象としてアイデンティティの問題を考察する際に、1時間なり、2時間なり、語りが繰り広げられるあいだに、発話者がよってたつ「時間-空間」自体が変化していることをもう一度強調しておきたい。

⑤　グローバルなディアスポラの構成＝集合体をめぐるモビリティーズ

　本章では、グローバル化におけるローカルな相互知識のモビリティーズを、戦争のディスクールという視点から、日本人女性ディアスポラの言説を手がかりに考察してきた。上に述べたように、そこでは、言説における「時間-空間の再編成」が2種類のストラテジーによってなされていた。すなわち、第一に、Tenko という戦争ドラマに描かれた内容を、「極限状況という時間-空間」として「脱埋め込み（disembedding）」する方略である。第二に、主体がさまざまな言説の「時間-空間」を移動していくことによって、「極限状況」を「再埋め込み（reembedding）」する方略である。

　最後に、このような現象は、グローバル化研究におけるモビリティーズの観点からすると、どのように考察できるのだろうか。第一に、グローバル化とは、そもそも構造的に（行為と知識の両面で）時間-空間の再編成を引き起こしているといえよう。その契機とな

るのは、人・モノ・情報の空間的移動だけでなく、世界時間の導入そのものである。すなわち、ローカルな時間の流れではなく、西暦（グレゴリオ暦）とグリニッジ標準時に従って、さまざまな記念（commemorative）儀式が、世界各地で、同時に行われるために、ローカルな時間−空間に埋め込まれていた相互知識が必然的にぶつかりあうのである。

　第二に、グローバルなレベルで、時間−空間の再編成が行われるからこそ、それに対抗する方略として、ローカルな知識をもつ主体が、その言説において、時間−空間の再編成を行うのではないか。さらに、そういった言説自体が、リフレクシヴにグローバルな社会変動を左右してゆくきっかけとなるとも考えられる。

　最後に、本章でみてきた事例は、ジョン・アーリが論じたモビリティーズがメディアにより駆動されるさまざまな時間や記憶をめぐる構成＝集合体となっていることを示しているといえる。その意味で、過去と未来をつなぎ、グローバルとローカルを包絡させるサステイナビリティとノンリニアリティという構成＝集合体の形成において不可避な要素については、今後さらに考察をすすめる必要があるといえよう。　　　　　　　　　　　　　　　　　　　［小川(西秋)葉子］

＊本章は（小川 1996）を大幅に加筆、修正したものである。

📖 参考引用文献

Baehr, H. & Dyer, G. eds. 1987 *Boxed in: Women and Television*, Pandora Press.
Beck, U., Giddens, A. & Lash, S. 1994 *Reflexive Modernization*, Polity.
Bauman, Z. 1989 *Modernity and the Holocaust*, Polity.
Dockrill, S. ed. 1994 *From Pearl Harbor to Hiroshima*, Macmillan.
Dower, J. 1993 *Japan in War and Peace*, The Free Press.
Friedland, R. & Boden, D. eds., 1994 *NowHere*, University of California Press.
Friedlander, S. & Seligman, A. B. 1994 "The Israeli Memory of the Shoah." In Friedland, R. & Boden, D. eds., *NowHere*, University of California Press, pp. 356-371.
Giddens, A. 1987 *Social Theory and Modern Sociology*, Polity. （藤田弘夫監訳，小川葉子ほか訳 1998『社会理論と現代社会学』青木書店.）
Giddens, A. 1991 *The Constitution of Society*, Polity. （門田健一訳 2015『社会の構

成』勁草書房.)

Harvey, D. 1990 "Between Space and Time." *Annals of Association of American Geographers*, 80(3)：418-434.

Harvey, D. 1994 "Historical and Geographical Perspectives on the Social Construction of Space and Time." 日本地理学会 1994 年度秋季学術大会講演, 名古屋大学.

Lash, S. & Urry, J. 1994 *Economy of Signs and Space*, Sage. (安達智史監訳 2018 『フローと再帰性の社会学』晃洋書房.)

Masters, A. 1981 *Tenko*, BBC.

小川葉子 1994a「日常生活としてのグローバル・コミュニケーション―時間-空間の再編成のなかのエスニック・アイデンティティ」『マス・コミュニケーション研究』44：3-15.

小川葉子 1994b「グローバルなコミュニケーション環境における英米在住日本人主婦の日常生活と日常的知識―マスメディアによる認知と異文化コミュニケーションの比較民族誌的研究」『明治学院大学社会学部付属研究所研究年報』24 号.

小川葉子 1995「グローバライゼーションをめぐる四つのテーゼ」『社会学評論』44 号.

小川葉子 1996「グローバライゼーションと戦争のディスクール―海外在住日本人女性の言説における時間-空間の再編成」『一橋論叢』115(26)：81-99.

小川（西秋）葉子 2007「グローバライゼーションをめぐる二重らせんの時間―ハイパー・リフレクシヴィティと集合的生命の解明に向けての批判的考察」『社会学評論』57(4)：763-783.

Todorov, T. 1991 *Face á l' extrème*, Edition de Seuil. (宇京頼三訳 1992『極限に面して』法政大学出版局.)

Urry, J. 1995 *Consuming Places*, Routledge. (吉原直樹・大澤善信監訳 2003『場所を消費する』法政大学出版局.)

Valery, A. 1986 *Tenko Reunion*, Severn House.

米山リサ 1995「越境する戦争の記憶」『世界』10 月号：173-183.

油井大三郎 1995『日本戦争観の相剋』岩波書店.

「人材モビリティ」の時代を迎えたメディア業界

新聞社を辞めるのは珍しかった

　20 世紀の後半にジャーナリストとして活躍した斎藤茂男の著書に『新聞記者を取材した』という秀作がある。もともと共同通信の記者だった斎藤が「若い記者が新聞社や通信社を次々と辞めていく」という話を耳にして、いったいどんな背景があるのだろうと疑問に思い、数多くの記者たちに取材したルポルタージュだ。

　若い記者たちはなぜ辞めていくのか。どこに不満があるのか。心の底から求めているものはなんなのか——。そんな問いを胸に抱いて、斎藤は記者たちを訪ね歩く。新聞社に早々と見切りをつけ、他の世界へ転身していった若者たちの声に耳を傾けながら、老記者は彼らの心情に共感していく。

　「「元記者」たちに共通の転身動機の一つに、警察を主要な情報ソースにして事件・事故取材に明け暮れる日常への、拒否反応があるようだった。管理統制された情報を、まるで自動翻訳機のように記事化する単調な労働になりがちなのが、いまのサツ記者の実情だとすれば、彼らの反応はむりもないと思えてくる」。

　この『新聞記者を取材した』は、1992 年に岩波書店から出版された本である。それから間もない 1998 年、朝日新聞の記者だった私は会社を退職した。斎藤が取材した若者たちと同じように、警察取材に象徴される新聞社のルーティンワークに嫌気がさしたというのが、理由の一つだった。

　「もっと自由に仕事をしてみたい」。そんな漠然とした気持ちで会

社に辞表を出した。次の転職先も決めずに……。28歳の春のことである。

　朝日新聞を辞めて無職になった私に、友人や知人は異口同音に言った。「せっかく有名な新聞社に入ったのにもったいない。どうして、辞めたの？」。初めて会う人にも不思議がられた。それくらい、新聞社を辞めて別の世界に移ることは珍しかったのだ。

　新聞社は終身雇用、年功序列の安定企業。いったん就職したら、ほとんどの者は定年まで退職しない。もし転職するとしても別の新聞社であって、同じ業界のなかでの移動にすぎない。かつては、それが普通だった。

伝統メディアから新興メディアへ

　ところが、2010年をすぎたあたりから新聞業界の空気が変わってきた。

　新聞社を辞めて、別の業界へ移る者が続々と現れるようになったのだ。転職先は、事業会社の広報部門や官公庁、弁護士をはじめとする士業の世界などさまざまだが、目立つのは、新聞業界からインターネット業界への移動である。

　150年近い歴史をもつ古い業界から、まだ誕生して20年ほどの新しい業界へ。人材の「流動化」が起きている。

　ネットメディア、バズフィードの記者で、医療問題の取材を担当する岩永直子は2019年の秋、ツイッターで「新聞の若手記者に転職相談されることが増えた」とつぶやいた。彼女自身、その2年前に読売新聞を退職して、新興メディアのバズフィードに転職した人間だ。

　そのバズフィードの日本版・初代編集長を務めた古田大輔は、読売新聞のライバルである朝日新聞の出身である。ネットの世界に転じた理由について、あるインタビューでこんな風に答えている。「（新聞社の）仕事は面白かったし、やりがいはありました。ただ、みんなが情報を入手するプラットフォームは明らかにインターネッ

トになっていました。欧米や東南アジアで進んでいるようなネットでの情報発信に比べて、日本は遅れていると感じていたんですよね」（ハフポスト／2019年11月8日）。

　古田が指摘した情報プラットフォームの変化が、新聞・出版・テレビという「伝統メディア」からインターネットという「新興メディア」への人材移動を引き起こしている。

　その様子を具体的に示したのが、2018年10月に『週刊ダイヤモンド』が掲載した「新旧メディアの人材流動化マップ」という図だ。

　そこには、バズフィード、ハフポスト、ビジネスインサイダー、ニューズピックスといった新興のネットメディアに向かって、朝日新聞、毎日新聞、読売新聞などを発行する新聞社や、東洋経済新報社、ダイヤモンド社、日経BPといった出版社から多くの記者・編集者が流れ込んでいる現実が明示されていた。

　なかでもネットメディアに多くの人材を供給しているとして注目されたのが、朝日新聞だ。この「人材流動化マップ」が作成された時点で、バズフィード、ハフポスト、ビジネスインサイダーの編集長が朝日出身者で占められていた。いずれも大手新聞社で培った経験を生かし、インターネットという新しい世界に挑んでいる。

幕末の武士のような危機感を抱いて

　朝日新聞といえば、平均年収が約1,200万円と給与が高いことで知られ、福利厚生も充実している大企業だ。一方、バズフィードやハフポストなどのネット企業は、新聞社に比べれば給与水準が低く、経営の安定性という点でも見劣りする。

　にもかかわらず、新聞社からネット企業へ人材が流出しているのはなぜか。『週刊ダイヤモンド』の記事は、朝日新聞からある新興メディアに移った記者の言葉を紹介している。

　「デジタル投資が同業他社と比べて進んでいて、デジタルに触れている記者が多い分、自社のスピードがどれだけ遅いかわかって絶望してしまう」。

先に触れたバズフィードの古田と同様に「新聞社のなかにいると
デジタル化、インターネット化というイノベーションの波に取り残
されてしまう」という危機感を胸に抱いているのだ。

　あたかもそれは、江戸幕府の末期に西洋文化に触れた武士たちが
「このままでは日本は欧米列強に飲み込まれてしまう」と焦りを感
じて、古い幕藩体制から離れ、新しい社会の構築に邁進したのに似
ている。

　伝統メディアから新興メディアへの人材移動を後押ししているの
は、前向きな理由ばかりではない。

　多くの人がインターネットで情報を摂取するようになった結果、
新聞や雑誌の購読者が年々減っている。そのため、経営が苦しくなっ
た新聞社や出版社が人員のリストラを行うようになった。不本意な
がら他の業界に転職せざるを得ない者も決して少なくないのであ
る。

ネット業界の変化が呼び起こす「人材の流動化」

　もう一つ、注視したい点がある。それは「伝統メディアから新興
メディアへ」という流れだけでなく、「ネットメディアから別のネッ
トメディアへ」という人材の動きもあるということだ。なかにはい
くつものネットメディアを転々とする人もいる。

　実をいうと、私自身がネットメディア業界の「ジョブホッパー」だ。

　朝日新聞を退社してしばらくたった 2006 年、インターネットの
ニュースメディア・J-CAST ニュースの編集記者となった。しかし
3 年半後には、ドワンゴが運営するニコニコ動画のニュース部門の
責任者に転じた。その後も、弁護士ドットコム、外資就活ドットコ
ム、DANRO といったネットメディアを渡り歩き、それぞれで編集
長を務めた。

　最後の DANRO は朝日新聞が運営するネットメディアだ。つまり、
今は新興メディアから伝統メディアへという逆の動きも起きてい
る。斎藤茂男が若い新聞記者たちを取材した約 30 年前と比べると

隔世の感がある。

　2019年11月、日本のインターネット業界を代表する企業であるZホールディングス（ヤフーの親会社）とLINEが、経営統合に向けた動きを発表した。両社は、ヤフーニュースとLINEニュースという巨大ニュースサイトを運営するメディア企業でもある。

　それまで激しく争っていたライバル企業が一転して手を組んだことに対して、新聞やテレビなどのメディア関係者はひどく驚いた。「令和の薩長連合だ」という声もあがったほどだ。このZホールディングスとLINEの経営統合に象徴されるように、インターネット業界は変化が非常に激しい。

　業界の変化が人材の流動化を呼び起こし、人材の大きな移動が新たな変化を引き起こすというスパイラルが起きている。そんな世界で求められるのは、変化を前向きに受け止められる「柔軟な心」だ。

　変化に対応するために、新しい世界に自ら飛び込んでいく。じっくり考えてから動くのではなく、動きながら考える。終身雇用が当たり前だったメディアの世界もそんな「人材モビリティの時代」に突入しているのだ。

　2020年、新型コロナウイルスが世界を襲った。日本のメディアの記者たちの働き方も大きく変わった。会社に通勤する回数が激減しただけでなく、それまで対面で行っていた取材の多くが「オンライン」に置きかわった。

　その変化に新聞など既存メディアの記者たちが戸惑っている一方で、ネットメディアの記者たちはすぐに順応したように見える。コロナの影響で、メディア業界の流動化はさらに進みそうな勢いである。

　もしいま、斎藤が生きていてメディア業界を動き回る者たちを取材したら、どんなルポルタージュを書くだろうか。　　　［亀松太郎］

コラム6

ショッパーとモビリティーズ

小売業とモビリティーズ

小売業にとって重要な成果指標の一つである売上高は「客数 ×
客単価」に分解できる。客数はある期間にその店舗で商品を購入し
たのべ人数、客単価は1回の購入の平均金額である。言い換えれば、
客数はレシートの枚数、客単価はレシートに記載された合計金額の
平均値と一致する。この客数は店外のモビリティ、客単価は店内の
モビリティと正の相関関係にある。モビリティ、つまり移動の可能
性を高める事は売上高を高めることに繋がる。

なぜ店外と店内のモビリティが、客数や客単価に影響を与えるの
だろうか? このコラムでは、その理由についてマーケティング研
究で議論されてきた内容を整理してゆきたい。

客数と店外のモビリティ

ショッパー(購買者)は買い物をする店舗をどのように決めるの
だろうか? マーケティングの研究者によって多くの研究が蓄積さ
れてきた。本コラムでは、そのなかでも古典的な研究であるハフ・
モデルについて見てみたい。その上で、今後、小売業にとってモビ
リティの重要性がより一層高まることを説明したい。

ハフ・モデルとは、デイビッド・ハフによって開発された小売商
圏を測定するモデルである。ハフ・モデルは1960年代に開発され、
その後、実務で広く応用されてきた。たとえば、かつてわが国に存
在した大店法(大規模小売店舗における小売業の事業活動の調整に関す

る法律の略）では、スーパーマーケットなどの大型店を出店する際にハフ・モデルを応用した影響予測が義務づけられていた。また、現在でも小売業やサービス業の出店計画の際に応用されるなど、その有用性が実務において広く認められている。

ハフ・モデルでは、ある商業集積への買い物出向確率を次式のように定義する。

$$P_{ij} = \frac{S_j/T_{ij}^{\lambda}}{\displaystyle\sum_{j=1}^{n} S_j/T_{ij}^{\lambda}}$$

ここで、

P_{ij}：地区 i から商業集積 j への買い物出向確率

S_j：j の面積

T_{ij}：i から j への時間や距離

λ：距離抵抗のパラメータ

である。

このモデルが表すところは次の2点である。第一に、ある商業集積の魅力度は大きくて近いほど高いことを表している。売場面積が大きいということは品揃えが豊富であることを意味しており、近いということは店舗に出向くのに必要な負担が低いことを意味している。第二に全商業集積の魅力度を合計した値を分母、ある店舗の魅力度を分子に取り、それを計算した結果がある商業集積への出向確率になることを表している。

たとえば、λ を2とするとき、図1のようにA団地からBストアへは S が2500、T が5となり、出向確率は0.5となる。A団地からC商店街へは S が10000、T が10となりこちらも出向確率は0.5となる。

たとえば店舗への交通手段が整備され、移動の負担が低下すれば、モビリティは向上する。この店外モビリティの向上はハフ・モデルの要素 T が小さくなることと同義である。つまり、店外モビリティが高まれば、商業集積・店舗の魅力度が高まり、客数を増やすこと

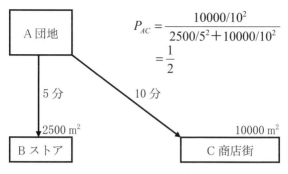

図1　ハフ・モデルの考え方（鶴見 2018）

ができる。

　このことから、高齢化が進む今後、実店舗小売業にとってモビリ
ティの確保が重要な意味をもつようになることを予見させる。高齢
化が進むわが国において、来店に至るまでの移動負担が大きい小売
業は、近い将来淘汰される危険性が高まると考えられる。なぜなら
ば、高齢化によってショッパーのモビリティは低下するからである。
既に、移動困難を原因とする 65 歳以上高齢者の買物難民が約 824
万人に達している（農林水産政策研究所 2018）。この事実は 65 歳以
上の 4 人に 1 人が日々の食品購入にも不自由していることを意味す
る。一方で 60 代のインターネット利用時間は既に平日 1 日平均で
60 分を超えており（情報通信政策研究所 2019）、高齢層であっても
インターネットへの親しみは強くなっている。ショッパーのモビリ
ティを確保できなかった実店舗小売業は、インターネット小売業に
顧客を奪われ、経営不振に陥れば撤退せざるをえなくなる。買物を
するための目的地の減少は、出向を減らし、交通機関の経営不振、
撤退という形で、さらなるモビリティの低下を招く。この悪循環構
造に陥らないためには小売業自らがモビリティ確保に努めることが
重要になるだろう。

客単価と店内のモビリティ

　客単価は「商品単価 × 買上点数」に分解できる。商品単価は購入された1商品の平均金額、買上点数は1回の買い物で購入された商品個数の平均値である。この要素のうち、買上点数は店内のモビリティ向上によって高まる傾向にある。このことを明らかにしたインストア・マーチャンダイジングの研究[1] について見てみよう。

　店舗での購買を計画購買と非計画購買に分類できる。来店前に買うことを決めていた商品が買われれば、それは計画購買に分類される。来店前に買うことを決めていない商品が、店内で買われれば、それは非計画購買に分類される。スーパーマーケットで来店客調査を行った結果、約8割の商品は非計画購買によって買われていることが明らかになっている（流通経済研究所 2016）。したがって、スーパーマーケットなどのセルフサービスの店舗では買上点数を高めるためには、来店前ではなく、来店後にアプローチすることが重要となる。そして、ショッパーが来店した後、店内でさまざまな商品と接触することを促進し、非計画購買を増やす必要がある。もう少し細かく書けば、ショッパーがたくさんの売場に、移動し、立寄り、カゴに商品を入れる必要がある。専門的な言い方をすれば買上点数を高めるには動線長（店内での移動距離）、立寄率（売場に立ち止まる率）、買上率（売場で買物カゴに商品を入れる率）の三つを向上させる必要がある。このように、店内でのモビリティを高め、動線長を伸ばすことは、買上点数の向上に繋がる。

　したがって、スーパーマーケット等では動線長が長くなるように店舗レイアウトを設計する。それを実現する方策として「パワー・カテゴリー」の分散配置がある。パワー・カテゴリーとは計画購買率と購買率の双方が高い商品カテゴリーをいう（たとえば卵や牛乳

---

[1]　インストア・マーチャンダイジングに関する詳しい内容は流通経済研究所（2016）を参照のこと。

など）。このパワー・カテゴリーを店内に分散的に配置することで、ショッパーはそのカテゴリーを買い求めて、売場に向かうため、結果的に動線長が伸びる。そして、その動線の間に非計画購買率の高い商品カテゴリー（たとえばチョコレートやスナック）を配置することで、非計画購買は促進される。

　また近年、これらの機能的な観点からではなく、情緒的な観点から感覚と店舗内行動に関する研究に注目が集まりつつある。感覚、つまり五感は人の行動に強い影響を及ぼす。たとえば、マンガ『美味しんぼ』第3巻1話「炭火の魔力」では、主人公である山岡志郎が集客に悩む鰻屋の換気扇のスイッチを切り、鰻を焼く香りを店先に漂わせることで客集めに成功する一幕がある。読者もショッパーの一人として、香りにつられて、店に入ってしまった、という経験があるだろう。

　五感のうちの視覚が店内行動に与える影響を研究したものの一つに、照明に関する研究がある。スーパーマーケット、コンビニエンスストア、ドラッグストアの照明を思い出して欲しい。それらは我々が自宅等で日常的に使う照明よりもかなり明るい照明が用いている。それには科学的な根拠がある。Summers & Hebert（2001）は雑貨店で調査を行い、ショッパーは売場の照明を明るくすることで、より多くの商品を手に取りやすくなったり、商品の検討により時間を割くようになったりすることを明らかにしている。

　また、聴覚に関して、Milliman（1982）はスーパーマーケットのBGMをスローテンポにした場合と、アップテンポにした場合で比較を行い、スローテンポのBGMの場合、店内での移動スピードが遅くなり、売上高が向上することを示している。嗅覚に関しては、Spangenberg, Crowley & Henderson（1996）はラベンダー、ジンジャー、スペアミント、オレンジなどの香りを店内に流すと店舗、品揃えの評価、再来店意向などが高くなることを明らかにしている。

　以上のように、モビリティは小売業の成果指標である売上高に影響を及ぼす。そして、高齢化とインターネット小売業の普及という

二つの要因によって、実店舗小売業にとってはモビリティの確保が重要になると考えられる。今後は感覚がショッパーの店内外のモビリティに及ぼす影響に関する研究深化が期待される。さらに、ここ最近の動向としては、新型コロナウイルスの影響で、外出を控える消費者が増えている。そのような消費者をいかに店舗に足を運ばせるか？ という観点からもモビリティーズ研究はその重要性を日々増しているといえよう。　　　　　　　　　　　　　　　　　［鶴見裕之］

📖 参考引用文献

情報通信政策研究所 2019「平成 30 年度情報通信メディアの利用時間と情報行動に関する調査報告書」Retrieved from http://www.soumu.go.jp/iicp/research/results/media_usage-time.html（2019 年 12 月 3 日）.

Huff, D. L. 1960 "A Topographical Model of Consumer Space Preferences." *Papers in Regional Science*, 6(1)：159-173.

Milliman, R. E. 1982 "Using Background Music to Affect the Behavior of Supermarket Shoppers." *Journal of Marketing*, 46(3)：86-91.

農林水産政策研究所 2018「食料品アクセス困難人口の推計値」Retrieved from http://www.maff.go.jp/primaff/seika/fsc/faccess/a_map.html#1（2019 年 12 月 3 日）

流通経済研究所 2016『インストア・マーチャンダイジング（第 2 版）』日本経済新聞出版社.

Spangenberg, E. R., Crowley, A. E. & Henderson, P. W. 1996 "Improving the Store Environment：Do Olfactory Cues Affect Evaluations and Behaviors?" *Journal of Marketing*, 60(2)：67-80.

Summers, T. A. & Hebert, P. R. 2001 "Shedding Some Light on Store Atmospherics: Influence of Illumination on Consumer Behavior." *Journal of Business Research*, 54(2)：145-150.

おわりに
──生物から見るモビリティーズの未来

1　生物とモビリティーズ

　移動は生物学的にも重要な観点である。人間も当然ながら生物
の範疇に含まれるものなので、本書のエピローグとして、生物学的
な側面から見たモビリティーズの未来について述べてみたい。

　当たり前のようなことだが、生物は与えられた環境のなかで、持
続的に増殖・生存していかなければならない。ところが、生物を取
り巻く環境は、たとえ同じ場所であっても、絶えず変化し続けてい
るものである。したがって、生物の側も生き延びようとするなら、
環境の変化に応じて柔軟にそのあり方を変える必要がある。地球の
歴史のなかで長い期間存続し続けてきた生物にとって、環境変化へ
の生物の適応は、きわめて重要なプロセスであるといえる。

　地球上に生息する大型の生物には、種が芽を出した場所で、生涯
を固定的に生きていかねばならない植物タイプと、積極的に捕食や
生殖のために移動する能力をもつ動物タイプの二つが存在する。植
物は、原則的に個体の生息域が固定されているため、環境変化に対
して自らの性質を柔軟に変化させることが決定的に重要である。固

213

定的な環境に生息していても、気候の変化などで環境条件は大きく変化するのが常だからである。そのため、植物は環境ストレスへの適応を行うための多種の遺伝子を保持しており、状況に応じてそれらを巧妙に使い分けている。また、乾燥に強い種子や休眠などの耐久法に加え、昆虫を介して受粉する虫媒花のように、移動手段をもつ動物を利用した生殖方法も駆使することで、たくましく柔軟な環境適応力を身につけている。

　植物の棲息域が固定的というのは、短い時間軸で考えた場合である。植生や生態系などの世代を超えた長い時間軸で考えた場合、かなり大規模な棲息域の移動が認められる。地球の生命史においても、初期の植物は海中の藻類などが中心であった。やがて陸上植物が登場し、種々の陸上環境に適応したさまざまな植物種が陸地に棲息域を拡大していった。これにより、地球大気の酸素濃度が劇的に増加し、陸上動物の活動を可能にしていったと考えられている。

　一方の動物は、自ら積極的に動く運動能力を獲得し、環境変化に応じてより好ましい棲息域に移動することができる。動物は運動能力に加え、眼や耳、鼻などの知覚機能や、脳などを用いる認知機能を獲得し、運動能力と組み合わせて用いることで、高度な環境適応力を獲得した。他者を光学的あるいは化学的に認識する知覚機能や、他者識別や高度な判断・学習を可能にする認知機能は、捕食や逃避、生殖、社会行動など、他者との高度なネットワーク相互作用を構築することにも利用されることになり、これが動物の発展をさらに促進した。そして人間を含む動物の発展により、地球環境はさらに大きく変化していくことになった。

　このように、生物はモビリティーズにより、大なり小なり地球環境の変化に適応し、またそのような生物の活動によって地球環境も変化してきた。これは、人間が馬や自動車、鉄道などのモビリティーズ手段を拡大したことにより、人間社会が大きく変化していった状況になぞらえてみることができるだろう。

② 人類によるモビリティーズの発展の生物への影響

　人間社会の生み出すモビリティーズは、地球の生物にも大きな影響を及ぼしつつある。人間社会の発展やモビリティーズの高度化により、近年地球環境の変動は極大化しつつあるといっても過言ではない。たとえば、焼き畑農業や森林伐採などによるアマゾンの熱帯雨林の破壊が、近年大きな問題になりつつある。アマゾンに一本の道路を設置したり、一区画の畑を作ったりしただけで生態系が分断され、熱帯雨林の維持機能に脆弱性が生じると言われている。

　生態学の概念に「エッジ効果」というものがある。生物の棲息域の境界部分が、外部からの影響を強く受けやすく、脆弱になるというものである。アマゾンの具体例の一つとしては、農地と隣接するジャングルでは、湿度が変化したり、土壌微生物の組成が変化したりすることが知られている。これにより、熱帯雨林の生態系サイクルが破壊され、従来は自然に阻止されてきた森林火災が大規模に拡大したり、動物や植物の絶滅などが引き起こされたりしている。アマゾンに引かれた一本の道路が、このようなエッジ効果を生み出すのである。現実には、これまでにカリフォルニア州の2倍ほどの面積を伐採によって失ったといわれており、その影響は極めて大きいと考えられる。

　地球温暖化の原因には諸説あるが、人類社会の発展が一定の役割を果たしていることは間違いないだろう。地球温暖化により、近年北極圏の海氷面積が著しく減少している。その結果として、ホッキョクグマの絶滅の可能性が懸念されている。ホッキョクグマは海氷上でアザラシなどを補食して生きている。海氷が縮小すると、ホッキョクグマの補食機会が失われるだけでなく、海を長時間泳ぐ必要が生じる。子育てに必要な雪洞も作ることができなくなる。このようなホッキョクグマの生存リスクの上昇に伴い、彼らの棲息域にも変化が生じている。ロシアやカナダで、ホッキョクグマが餌を求めて人里に出現するようになったとの報告もある。

サンタクロースとともにクリスマスのキャラクターとなっている
トナカイも、人類のモビリティーズの大きな影響を受けた生物種の
一つである。北極圏およびその周辺に棲息するトナカイは、季節変
化に応じてツンドラの大地を数百キロも大群で移動する。シベリア
のツンドラ地域には天然ガスなどの資源があるため、資源開発が盛
んに行われている。この際に設置される道路や鉄道、パイプライン
などが、トナカイの移動を阻害し、より長距離の迂回をトナカイに
強いることになった。これにより、トナカイは最適なタイミングで
えさ場にたどり着くことができなくなった。また、温暖化で積雪後
の降雨が増えると、雪が融解して氷となり、トナカイが草を食むこ
とができず、数万頭を超えるトナカイが餓死したこともある。
　上記のように、人間のモビリティーズは、人間社会に変革をもた
らしただけでなく、地球上の生物のモビリティーズや、ひいては地
球環境と生物間の複雑なネットワークに甚大な影響を及ぼしつつあ
る。その帰結の一つとして、昨今問題視されている地球上の大規模
な気候変動や生態系の変化が引き起こされてきたと考えられる。気
候変動そのものは、地球史を見るとこれまでに数限りなく起きてき
たものである。生物はそのなかをしぶとく生き残ってきたのであり、
本来十分これを耐えしのぐ力をもっているのだろう。しかし重要な
点は、近年人間のモビリティーズの発展が著しく加速していて、地
球が過去に経験した変化を大幅に上回る速度の変化をもたらしつつ
ある点である。生物は、現在進行しているような急速すぎる変化に
は、おそらく耐えられない。実際に現在多数の生物種が絶滅したか、
もしくは絶滅の危機に瀕している。そのレベルは地球史上何度か訪
れた大量絶滅期に匹敵すると指摘されているのである。

③　複雑系ネットワークの持続可能性に重要な役割を果た
す多様性

　昨今の新型コロナウイルスの蔓延が示すように、人間社会におけ

るモビリティーズの発展は、地球環境や人間社会に想定以上の大きな影響を及ぼしていく。地球環境あるいは人間社会に存在し、その構成要素の一つでもある人間や生物は、自らのモビリティーズがもたらす変動に対して、適宜迅速に最適化を行っていかねばならない。然もなくば、変化に取り残されて絶滅するか、ニッチな環境で細々と生きのびていくかのいずれかの道をたどることになるだろう。

　この変化への適応を支える重要な要素は何であろうか。生物の環境適応には、個体レベルの適応と、種レベルの適応がある。個体レベルの適応においては、ストレスに対抗するさまざまな遺伝子や、細胞内の情報伝達系、免疫系や内分泌系などの種々の恒常性（ホメオスタシス）機構のはたらきが重要である。これらの作用により、あるレベルまでの変動に対して、生物個体はほとんど支障を来さない状況で生き続けることができる。しかし、それにも限度がある。限界や閾値を超えたストレスや、体内環境の異常が蓄積すると、まるで堰を切ったように生命の維持に影響を及ぼす重篤な変化が現れる。その一例が疾患である。東洋医学においては、人間が疾患症状を発症する前に、「未病」という表面化しない病気と健康の中間段階があると説かれている[1]。

　つまり、一世代の時間軸で、生物個体や個人が環境変化に対応しようとするなら、問題が顕在化しない段階で微細な変化を感知し、その後の変化を先読みし、重症化する前に先手を打つことが重要ということである。生物においても、非常に微細な環境変化を感じ取るセンサー分子が多数用意されている。これらの変化を細胞内のシグナル伝達系が増幅し、ストレスに対抗する遺伝子を発現したり、ホルモンを分泌したりする。また、体外から侵入する病原体に対しては、一種の免疫細胞が異物を認識し、体内の免疫システムに働きかけて、そのはたらきを疾患に至る前に無力化していく。人間社会

---

[1]　前漢時代（紀元前206〜208年）の中国の医学書である『黄帝内経』には、「聖人は未病を治す」という内容の記載がある。

においても、各種のメディアや大学人・研究者などがこの役割を果たしていると思われる。小さな社会の変化を見逃さず、将来起こるべき問題に対し、早い段階から警告を出すことが重要なのである。世代を超えた長期的展望では、もっと異なる次元の対応が必要になってくる。生物の場合は進化であり、人間の場合は社会変革になるだろう。現代の進化理論において重要な要素としては、表現型／遺伝型の多様性と、継続して繰り返される生殖のサイクル、そして与えられた環境条件下での選択などがあげられる。このなかでも、多様性の確保と反復可能な生殖と選択のサイクルが重要になる。

　クローン増殖する生物のように、個体間に差異が生じにくい場合、定常的な環境下で生存が最適化されていれば、非常に高速に個体が増殖することができる。一方で、このような多様性に乏しい集団を母集団とした場合、進化の効率や速度は著しく低減する。ところが、自然界では、時々刻々と与えられた環境下で高い適応度を示す表現型が変わってくるのが常である。したがって、変動する環境下においては、あらゆる状況に対応可能な多様性を確保した生物種のほうが、相対的に高い生存率を示すことになる。「無駄」の重要性というようなものであろうか。実際、現実の生物界においても、多様性を生み出すのに好都合な有性生殖（実際には無性生殖に比べると効率は半分）を用いている生物種が大多数を占めている。

　人間社会においても、封建的、あるいは全体主義的な社会においては、個の多様な意見が抑圧され、個の多様性が乏しい社会構造が出現する。これは何も封建主義や全体主義などの制度的なレベルにおいてのみ、生み出されるだけではない。「場の雰囲気」とか「しがらみ」など、人間関係のネットワーク上の同調圧力というのも、個々人の個性を封殺する力をもっている。最近ではソーシャル・ネットワーキング・サービス（SNS）などのネット上の意見なども、同調圧力の発生源として機能している。

　健全な社会の発展には、こういった有形無形の抑圧から個々人の言説が解放され、個々人の真の自由の確立が不可欠である。ちょう

ど生物進化における個の多様性と同じように、多様な考えやタイプの個人の存在が確保されていることが極めて重要なのである。社会全体や組織の持続性を考えたとき、支配者が統制しやすいからといって個の意見を封殺するのではなく、個の特性が自由に発露するような環境作りをしていくことがとても重要である。

　アジアではじめてノーベル経済学賞を受賞したアマルティア・センは、出身地のインド・ベンガル地方においてなぜ過酷な饑饉（ききん）が起きたのか、その原因を分析した。明らかになったのは、食糧の供給量が減ったことが飢餓の主要因ではなく、買い占めや価格つり上げなどのマーケット機能の問題の貢献が決定的であったことである。このような経済状態の異常は、実は社会を構成するもっとも貧しい民衆に非常に強い影響を及ぼし、饑饉を発生させる。まるで鉱山の坑道に持ち込まれた鳥かごのカナリヤのように、社会の最弱者が影響を受け、警鐘を鳴らしているということである。個体レベルの適応で、問題が顕在化する前に生じる微細な変化を敏感に察知することの重要性を述べた。これと同じ意味においても、我々は常に最弱者に対するまなざしを強くもっていなければならないのである。

　本書で扱ったジョン・アーリも『モビリティーズ』の第9章の「結び―モビリティと自由」で論じるように、センのもう一つの重要な主張は、経済資源の配分において、社会を構成する個の多様性や潜在能力に注目すべきであるというものである。センによれば、個々人はそれぞれ与えられた環境で「人間が良い生活・人生を過ごすために、状態や行動を選択する機能」、それらの集合である「潜在能力、ケイパビリティ（capability）」が、社会を構成する人々に平等に与えられていることが重要であると説いた。たとえば、貧しい家庭に生まれても高等教育を受けることができるとか、介護や子育ての環境が等しく保証されているなどである。もちろん、こういったことの実現には、前述した弱者に対する関心や共感、またその共感に基づいて実際に行動を起こしていく姿勢というものが重要になってくる。

人間社会におけるモビリティーズの発展は、おそらく留まるところを知らず、これからも加速していくであろう。それにより、より社会全体のリスクが増大していくことが予測される。このような状況において、人間一人一人のケイパビリティを尊重し、弱者への共感をベースにした具体的な行動が、今まで以上に重要になっていくと予測される。以上は、生物の生存戦略のなかから人類が学べる点であるが、これを無視したとき、人類社会にはどのような未来が待ち受けているのだろうか。　　　　　　　　　　　　　　［太田邦史］

索　引

■編者・執筆者紹介■

【編　者】（執筆順）

小川(西秋)葉子（おがわ(にしあき)・ようこ）　慶應義塾大学メディア・コミュニケーション研究所専任講師。一橋大学大学院社会学研究科博士課程単位取得退学。社会学、メディア・コミュニケーション研究、心理思想史。著書に『生命デザイン学入門』（共編著）岩波書店、『<グローバル化>の社会学』（共編著）恒星社厚生閣など。〔まえがき、はじめに、第1章、第4章、第10章〕

是永　論（これなが・ろん）　立教大学社会学部メディア社会学科教授。東京大学大学院社会学研究科社会心理学専攻博士課程単位取得退学。情報行動論、エスノメソドロジー。著書に『見ること・聞くことのデザイン』新曜社、『コミュニケーション論をつかむ』（共著）有斐閣など。〔はじめに、第2章、コラム4〕

太田邦史（おおた・くにひろ）　東京大学大学院総合文化研究科教授。東京大学大学院理学系研究科生物化学専攻博士課程修了。分子生物学、遺伝学、構成生物学。2007年文部科学大臣表彰・科学技術賞（研究部門）受賞。著書に『「生命多元性原理」入門』講談社、『エピゲノムと生命』講談社など。〔おわりに〕

【執筆者】（執筆順）

野尻　亘（のじり・わたる）　桃山学院大学経済学部教授。大阪市立大学大学院文学研究科博士後期課程地理学専攻単位取得退学。人文地理学方法論、経済地理学（物流）。著書に『世界市民の地理学』（共著）晃洋書房、『新版 日本の物流 流通近代化と空間構造』古今書院など。〔第3章〕

片岡栄美（かたおか・えみ）　駒澤大学文学部社会学科教授。文化社会学、教育社会学、社会階層論。著書に『趣味の社会学―文化・階層・ジェンダー』青弓社、『変容する社会と教育のゆくえ』（共著）岩波書店など。〔コラム1、第8章〕

河合恭平（かわい・きょうへい）　大正大学心理社会学部人間科学科専任講師。東京工業大学大学院社会理工学研究科価値システム専攻単位取得満期退学。社会学（理論・学史）、社会思想史。著書に『アーレント読本』（共編著）法政大学出版局など。〔コラム2〕

平本　毅（ひらもと・たけし）　京都府立大学文学部和食文化学科准教授。会話分析、エスノメソドロジー。著書に『会話分析の広がり』（共編著）ひつじ書房、『会話分析入門』（共著）勁草書房など。〔第5章〕

池上　賢（いけがみ・さとる）　拓殖大学政経学部法律政治学科准教授。立教大学大学院社会学研究科博士課程後期課程修了。社会学、マンガ論、メディア・オーディエンス研究。著書に『"彼ら"がマンガを語るとき、―メディア経験とアイデンティティの社会学』ハーベスト社、『現代文化への社会学―90年代と「いま」を比較する』（共著）北樹出版など。〔第6章〕

村山正司（むらやま・しょうじ）　朝日新聞東京本社文化くらし報道部読書編集長兼編集委員。一橋大学社会学部卒業。1986年に朝日新聞に入社。新聞では主に論壇を

228

担当し、雑誌の『論座』『朝日ジャーナル』などの編集部にも在籍した。著書に『住民による介護・医療のセーフティーネット』（共著）東洋経済新報社など。〔コラム3〕

長田攻一（おさだ・こういち）　早稲田大学名誉教授。早稲田大学大学院文学研究科社会学専攻博士課程単位取得退学。専門はコミュニケーションの社会学。著書に『〈つながる／つながらない〉の社会学』（共著）弘文堂、『対人コミュニケーションの社会学』学文社など。〔第7章〕

島薗　進（しまぞの・すすむ）　東京大学名誉教授、上智大学大学院実践宗教学研究科教授。東京大学大学院人文科学研究科博士課程単位取得退学。宗教学。著書に『宗教ってなんだろう？』平凡社、『いのちを"つくって"もいいですか？』NHK出版など。〔第8章〕

亀松太郎（かめまつ・たろう）　関西大学総合情報学部特任教授、オンラインコミュニティ「あしたメディア研究会」運営。大学卒業後、朝日新聞記者、ニコニコ動画や弁護士ドットコムのニュース編集長、朝日新聞運営のウェブメディア『DANRO』編集長などを務めた。〔コラム5〕

鶴見裕之（つるみ・ひろゆき）　横浜国立大学大学院国際社会科学研究院教授。立教大学大学院社会学研究科博士課程後期課程修了。消費者行動研究。著書に『消費者行動の実証研究』（共著）中央経済社、『オムニチャネルと顧客戦略の現在』（共著）千倉書房など。〔コラム6〕

モビリティーズのまなざし
ジョン・アーリの思想と実践

令和2年11月30日　発　行

編　者　　小川(西秋)　葉子
　　　　　是　永　　　　論
　　　　　太　田　邦　史

発行者　　池　田　和　博

発行所　　丸善出版株式会社
　　　　　〒101-0051　東京都千代田区神田神保町二丁目17番
　　　　　編集：電話（03）3512-3264／FAX（03）3512-3272
　　　　　営業：電話（03）3512-3256／FAX（03）3512-3270
　　　　　https://www.maruzen-publishing.co.jp

© Yoko Ogawa Nishiaki, Ron Korenaga, Kunihiro Ohta, 2020

組版印刷・中央印刷株式会社／製本・株式会社 星共社

ISBN 978-4-621-30565-2　C 1036　　　　　　Printed in Japan